I0844006

TRELEW
EL INFORME

Eduardo Sartelli, Stella Grenat,
Rosana López Rodriguez

TRELEW
EL INFORME

Arte, ciencia y lucha de clases: 1972 y después

Ediciones ryr

Trelew, el informe / Eduardo Sartelli ... [et.al.]. -
1a ed. - Buenos Aires : RyR, 2009.

164 p. ; 21.5 x 15.5 cm.

1. Política Argentina. I. Sartelli, Eduardo

CDD 320.82

Se terminó de imprimir en Pavón 1625, C.P. 1870.
Avellaneda, provincia de Buenos Aires, Argentina.
Primera edición: Ediciones ryr, Buenos Aires, abril de 2009.
Responsable editorial: Gonzalo Sanz Cerbino
Diseño de tapa: Sebastián Cominiello
Diseño de interior: Sebastián Cominiello
www.razonyrevolucion.org.ar
editorial@razonyrevolucion.org.ar

Con vida y acusando
(a modo de prólogo)

Los años '70 fueron testigo, al mismo tiempo que dieron testimonio, de la mayor insurgencia obrera en la historia del país. Fueron años de crisis general donde toda la sociedad se vio involucrada en una serie de hechos que, en conjunto, no pueden ser calificados de otra manera que como *lucha de clases*. Por una serie de razones que examinaremos más adelante, tanto la "memoria" popular como buena parte de la historiografía, es decir, de la mirada que tiene obligación de verdad, se niega a interpretarlo de esa manera. Este libro tiene la intención de devolverle a esa época este sentido.

Dos son los puntos en los que se focalizará la crítica: contra aquellos que, a la manera liberal, sentenciaron a la época como una de excesos frente a la cual se esgrime el aurea mediocritas de la democracia (burguesa); contra quienes creen escapar a las limitaciones del liberalismo con nuevas dosis de la misma medicina, reconstruyendo el período como una colección de "memorias" donde la verdad no ocupa espacio alguno. La primera ideología burguesa reconstituye la figura del ciudadano desde la superestructura jurídico-legal; la segunda hace lo mismo desde el discurso. En ambos casos, se construyen al margen de las relaciones sociales, es decir, eluden el análisis de clase. Como no hay análisis de clase, los intereses que motivan la acción se diluyen entre los vapores de las características personales, el humor pasajero de las masas o una cierta configuración "cultural". Por la misma razón, las responsabilidades se personalizan (fue "fulano" o "zutano") o se diluyen ("fuimos todos"). Existen una tercera y cuarta explicaciones al proceso en cuestión, es cierto: ambas se sintetizan en un "fueron ellos" que significa que la razón y la justicia estaban de parte del que enuncia. No son, hoy por hoy, las lecturas dominantes de esa historia y mientras la tercera representa a la ideología burguesa más concentrada, la cuarta forma parte de otro campo social y de otro modo de organizar el conocimiento. No resulta difícil reconocer en la primera construcción ideológica al liberalismo (representado por el radicalismo y, en cierta medida, por el peronismo), en la segunda al "progresismo" (cuyos principales defensores se encuentran entre la "izquierda" kirchnerista y Carrió) y, en la tercera y cuarta, al relato militar y al conocimiento de la fuerza revolucionaria. Demás está decir que aquí se toma partido por la última posición, no por afinidades políticas o consideraciones emotivas sino por causas estrictamente científicas.

Cuando el análisis se organiza sobre la base de una concepción materialista y dialéctica de la historia, las clases sociales ocupan el centro de la escena, no importando el grado de conciencia que los individuos concretos tengan del proceso que viven o vivieron. El estudio de la historia se vuelve el examen de las fuerzas motrices objetivas que determinan el curso de las acciones, más allá, otra vez, de la conciencia que tengan los actores inmediatos.[1] Se borra, por el mismo acto, toda consideración moral y aparecen en primer plano *los intereses de clase*, es decir, el contenido real de la política. Emerge la figura del *militante* y la consideración estratégica, es decir, el *programa*. Como veremos, la eliminación de estas coordenadas ha permitido la desaparición del contenido de la *lucha* y por ende, la imposibilidad de juzgar, desde el punto de vista de los mismos actores hoy, qué han hecho, qué consecuencias tuvieron sus acciones, qué errores se cometieron y cómo resolverlos. Para la burguesía no resulta demasiado problemático: ganó la guerra y su problema es administrar la "paz", lo que incluye no sólo tareas de orden jurídico-legal sino otras estrictamente ideológicas. Dicho de otra manera, a quién mandar preso y por qué, a fin de limitar al máximo el daño para el aparato del Estado, es decir, el núcleo duro de la dominación burguesa, por un lado; cómo convencer a los rebeldes de la inutilidad de la rebeldía, a fin de reconstruir la hegemonía burguesa, por otro. El Juicio a las juntas, las leyes de Punto final y Obediencia debida, la política de Derechos Humanos de Kirchner, forman parte de las soluciones al primer problema. La política de la "memoria" del "progresismo", de las correspondientes al segundo. Para la clase obrera el problema es otro: entender las causas de la derrota e identificar en la actualidad las piedras con las que no debe volver a tropezar. Dialécticamente, no puede hacerlo sin desmantelar el entramado ideológico burgués. Es decir, aclararse las causas de su derrota implica primero

---

[1]Lukacs, Georg: *Historia y conciencia de clase*, Grijalbo, México, 1983.

desmontar las explicaciones de su adversario. Para ello, su única aliada es la ciencia. El grueso de este libro intenta un aporte en ese sentido.

Los tres textos que componen el cuerpo del libro abordan tres aspectos distintos: los hechos en cuestión, el proceso más general y, por último, un modo particular de registro. El primero de ellos ubica al lector en relación al hecho histórico, incluyendo no sólo el análisis de la fuga, sino también la rebelión popular que le siguió, el Trelewazo. El segundo intenta enmarcar el hecho en el proceso histórico de lucha de clases que lo dota de sentido y permite explicarlo. El tercero es una introducción al documento que acompaña esta edición, el *Informe sobre Trelew*. El *Informe sobre Trelew* es una pieza más que importante en el rompecabezas de los últimos treinta años de historia argentina, tanto por la naturaleza del hecho del cual "informa", como por sus propias características. Su hallazgo, resultado de una investigación mayor que incluye la edición completa de la obra poética de Roberto Santoro y una serie de textos sobre el grupo Barrilete, quemaba en nuestras manos y exigía una operación de rescate.[2] Creemos un acto de justicia revolucionaria su reedición, contra la burguesía que lo secuestró de los kioscos y contra aquella que, democráticamente, sepultó verdades bajo toneladas de mentiras, con el simple objeto de mantener con vida, bajo otra forma, el mismo contenido social que se nutre de la muerte. Esas verdades, sin embargo, siguen vivas y acusando.

---

[2] Roberto Santoro: *Obra poética completa*, Ediciones ryr, Bs. As., 2009 y López, Mara: "Barrilete. Poesía y revolución en los años sesenta", en *Anuario CEICS*, n° 2, Bs. As., 2008.

La tarea pendiente
La fuga y la insurrección popular: Trelew, agosto-octubre de 1972

Stella Grenat

Dicen que se fue, dicen que está acá,
dicen que se ha muerto, dicen que volverá

Aquello, Jaime Ross

Eduardo Capello tenía 24 años y era estudiante de ciencias económicas en la Universidad de Buenos Aires; Mario Delfino, con 29 años, había abandonado sus estudios de ingeniería, trabajaba en el frigorífico Swift en la ciudad de Rosario y lo habían detenido en 1968 luego de tomar la comisaría 20 en esa ciudad; Alberto Carlos del Rey tenía 26 y había sido detenido el 27 de abril de 1971; Clarisa Lea Place tenía 24 años y estudiaba derecho en Tucumán; José Ricardo Mena tenía 20, era obrero de la construcción en la misma provincia y había sido detenido el 16 de noviembre de 1970 participando del asalto al Banco Comercial del Norte; Ana María Villarreal de Santucho era profesora de arte y, a los 36 años, estaba embarzada de su cuarto hijo; Humberto Segundo Suarez tenía 23 años, era de origen campesino y había sido cañero, obrero de la construcción y panadero; Humberto Toschi, de 26, era hijo de una familia acomodada cordobesa, el 30 de agosto de 1970 lo habían detenido en una pesquisa policial; Jorge Alejandro Ulla tenía 28 años, había abandonado sus estudios y era obrero en una fábrica metalúrgica.

Todos ellos eran militantes del PRT-ERP y fueron los primeros en morir ametrallados en la Base Aeronaval Almirante Zar en Trelew, el 22 de agosto de 1972 a las 3:30 de la madrugada. Junto a ellos cayeron muertos dos militantes Montoneros: Mariano Pujadas, 24 años, creador de la regional Córdoba de su organización y participante de la toma de La Calera, y

Susana Graciela Lesgart de Yofre que a los 22 años era miembro del dirección nacional de Montoneros. En ese momento perdió la vida también una militante de las Fuerzas Armadas Revolucionarias (FAR): María Angélica Sabelli, 23 años, estudiante de ciencias exactas en la UBA y participante de la toma de Garín.

Rubén Pedro Bonet a sus 30 años tenía ya una larga militancia política y sindical, primero como miembro de Palabra Obrera (PO) y después como militante del PRT- ERP, en el cual llegó a ser miembro de su Comité Central. Miguel Ángel Polti tenía 21 años, había empezado a estudiar medicina y luego ingeniería en Córdoba. Fue detenido a mediados de 1971, siendo militante del PRT-ERP. Ambos murieron desangrados la mañana del mismo día junto a otros dos militantes de las FAR: Carlos Alberto Astudillo, de 28 años, y Alfredo Elías Kohon, de 27, estudiante de ingeniería y obrero de una fábrica metalúrgica en Córdoba.

Como no todos los militares que esa noche se encontraban en la Base Aeronaval estaban al tanto de la orden de matar a los presos, los autores materiales de la masacre no pudieron terminar su faena. Fueron interrumpidos por un oficial que, a los gritos y con voz de mando, preguntó: "¿Quién ha ordenado esto, carajo?". Esta interrupción explica que tres militantes lograran sobrevivir: Ricardo René Haidar, de la organización político militar Montoneros; Alberto Camps y María Antonia Berger, de las FAR.[1] Con la Masacre de Trelew culminaba la fuga que, siete días antes, habían iniciado 124 reclusos de la cárcel de máxima seguridad de Rawson. Ese día, sólo seis de los máximos dirigentes de las organizaciones armadas que actuaban en la época habían logrado alcanzar el objetivo fijado: subir a un avión de Austral procedente de Río Gallegos que, previamente, había sido copado por Ana Weissen de las FAR y Víctor Fernández Palmeiro y Alejandro Ferreyra del PRT-ERP.[2] De este modo, Roberto Quieto y Marcos Osatinsky, dirigentes

---

[1]Berger, era licenciada en sociología, había sido detenida el 3 de noviembre de 1971. Fue herida por una ráfaga de metralla y logró introducirse en su celda, donde recibió un tiro en la mejilla; en la fecha de la masacre tenía 30 años. Fue secuestrada el 16 de octubre de 1979. Camps, tenía 24 años y era estudiante, había sido detenido el 29 de diciembre de 1970. Eludió la las balas de ametralladora arrojándose dentro de su celda, donde luego le dieron un tiro de gracia. Fue secuestrado en agosto de 1977. Haidar tenía 28 años, era ingeniero químico, había sido detenido el 22 de febrero de 1972. Como Camps, evadió las ráfagas de ametralladora introduciéndose en su celda, donde luego fue herido. Fue secuestrado el 18 de diciembre de 1982.

[2]Weissen fue secuestrada en 1979. Palmeiro, murió el 30 de abril de 1973 siendo miembro del ERP 22 de agosto, luego de participar en el operativo de ejecución del

de las FAR, Domingo Mena, Mario Roberto Santucho y Enrique Gorriarán Merlo del PRT-ERP y Fernando Vaca Narvaja de Montoneros, llegaron a Chile y posteriormente a Cuba.[3]

Desde la mañana del 22 de agosto, las Fuerzas Armadas comenzaron a hacer circular versiones sobre la masacre que habían perpetrado. Todas coinciden en afirmar que los disparos fueron la respuesta a un intento de fuga por parte de los reclusos.[4] El 26 de agosto el diario *La Prensa*, reprodujo la versión oficial, vertida por el jefe del Estado Mayor Conjunto, contralmirante Hermes Quijada, en nombre de la junta de comandantes:

"Desde el primer día, el régimen con los detenidos fue el del control periódico y a toda hora. De allí que en la madrugada se resolviera [...] sacarlos del interior de las celdas haciéndolos formar en el pasillo sobre el que convergían las mismas. En el extremo de salida del pasillo [...] único lugar de escape, como era norma permanente, había tres hombres armados con pistolas ametralladoras. Con el objeto de realizar el control [...] el jefe de turno [Capitán de fragata Luis Emilio Sosa] recorrió el pasillo hasta el fondo y, a su regreso, cuando llegaba al extremo de salida del mismo, fue tomado por Pujadas del cuello al tiempo que le quitaba su arma automática [...] con gran destreza disparó [...] a pesar de que los reclusos tenían un 'rehén, se cumplieron las claras órdenes existentes de que se tirara aún en esa circunstancias, por lo que uno de los guardias abrió fuego [...] el oficial logró zafarse de Pujadas y hacer cuerpo a tierra. La acción de armas no se hizo esperar [...] cuando cesó el fuego se comprobó que trece de los detenidos estaban muertos, mientras que los seis restantes quedaban heridos."[5]

---

contralmirante Hermes Quijada. Quijada había difundido por televisión la versión oficial emitida por la dictadura de Lanusse sobre la masacre.

[3]Quieto fue secuestrado el 28 de diciembre de 1975. Marcos Osatinsky, fue detenido en Córdoba y en la Jefatura de Policía fue asesinado el 21 de agosto de 1975, siendo dinamitado su cadáver. Domingo Mena, fue asesinado en un departamento en Villa Martelli, el 19 de julio de 1976 junto a Mario Roberto Santucho.

[4]Esta explicación aparece en la primera versión emitida en un Comunicado difundido el 22 de agosto en Trelew por el comando de la zona de emergencia, reproducida luego por el diario *La Prensa* el día 23. Aparece también en los dichos otorgados por el mayor Laroca, oficial en la zona de emergencia, al diario *Crónica*, el 25. Finalmente será repetida, en noviembre de 1973, por un miembro de la asesoría jurídica de la Secretaria General naval del Comando en Jefe de la Armada, en su declaración en el juicio contra el Estado iniciado por los padres de María Angélica Sabelli. Martínez, Eloy Tomás: *La pasión según Trelew*, Punto de Lectura, Bs. As., 2007, p. 151-169.

[5]Martínez, op. cit. p 156-160.

El dictador Alejandro Lanusse defendió esta versión a través de la cual se eximía él mismo de toda responsabilidad. Para evitar la difusión pública de los relatos de los sobrevivientes, se agregó el artículo 212 al Código Penal por el cual se penaba con la prisión a quien "por cualquier medio difundiera, divulgare o propagara comunicaciones o imágenes provenientes de, o atribuidas o atribuibles a asociaciones ilícitas o a personas o a grupos notoriamente dedicados a actividades subversivas o de terrorismo."[6] A través de esta campaña ideológica, la cúpula militar pretendía debilitar a las masas mediante la eliminación física de sus más destacados cuadros dirigentes.

La fuga

La cárcel de Rawson fue el sitio elegido por la dictadura militar de Lanusse para recluir a la masa de presos políticos que, desde 1969, no dejaba de crecer. Estos presos eran en su mayoría militantes de organizaciones político militares, a los que se sumaban militantes sindicales, entre ellos el más importante, Agustín Tosco. Todos ellos ocuparon seis de los ochos pabellones del penal, mientras que, en los dos restantes quedaron recluidos los presos comunes.

La idea era alejarlos de los grandes centros urbanos para cortar toda conexión con sus respectivas organizaciones y con las masas y evitar cualquier intento de fuga o rescate de los reclusos.[7] Para las fuerzas represivas las condiciones de seguridad del penal estaban garantizadas por las enormes distancias que lo separaban de ciudades importantes, capaces de brindar resguardo a los militantes, y por la cercanía de las fuerzas acantonadas en

---

[6]Ídem. p. 66.

[7]Para ese entonces ya se habían sucedido varias evasiones. Entre ellas las siguientes: el 9 de julio de 1970, Roberto Santucho se fugó, solo, de la cárcel federal de Villa Urquiza en Tucumán (Seoane, María: *Todo o Nada. La historia secreta y pública de Mario Roberto Santucho, el jefe guerrillero de los años setenta*, Sudamericana, Bs. As., 1991. p. 125). Ana María Villarreal de Santucho y Clarisa Lea Place fueron rescatadas de la cárcel Cordobesa del Buen Pastor el 11 de junio de 1971 (*Crónica*, 12 de junio de 1971). El día 26 de ese mes, Amanda Peralta y Ana María Solari, de las FAP, y Ana María Papiol y Lidia Malamud, de las FAL, fueron rescatadas de la cárcel en Capital Federal (*Cristianismo y Revolución*, n° 30, septiembre de 1971). En septiembre, 16 militantes del PRT-ERP se fugan de la cárcel de Villa Urquiza (Seoane, op. cit., p. 144).

la Base Aeronaval Almirante Zar. También, contaban con un escuadrón de Gendarmería y un destacamento del Ejército, con unos cien hombres, a tres cuadras del penal. Desde su perspectiva era imposible realizar un ataque externo exitoso.

Si bien los presos coincidían en esta caracterización, la misma no constituyó un obstáculo para que se dispusieran a concretar la fuga.[8] Se iniciaron entonces conversaciones entre las organizaciones para ver quiénes y cómo participarían. El PRT-ERP llegó a un acuerdo total con las FAR, Descamisados no participaría y Montoneros decidió no colaborar desde el exterior, dejando en libertad de acción a sus presos. La resolución de los Montoneros se explica a partir del contexto político nacional signado por el llamado a elecciones libres que el 17 de septiembre de 1971 había lanzado Lanusse. Montoneros consideraba que su participación abierta en la fuga no serviría sino para poner piedras en el camino hacia estas elecciones.

Se formó entonces un comité de planificación y ejecución de la huida, compuesto por Mario Roberto Santucho, Enrique Gorriarán Merlo, Roberto Vaca Narvaja y Marcos Osatinsky. Agustín Tosco no se fugaría, convencido de que siendo un dirigente social su liberación dependía de la movilización popular. Sin embargo, apoyó incondicionalmente la iniciativa de los presos de las organizaciones armadas.

Los responsables militares del PRT-ERP en libertad, luego de visitar la zona, contemplaron la posibilidad de construir "tatuceras" (pozos en la tierra para esconder a los compañeros) como la de los Tupamaros uruguayos. Pero este plan implicaba un despliegue logístico inviable para resguardar a los más de 100 militantes que iban a huir. También barajaron la idea de comprar un avión pequeño a un mafioso en la ciudad de Asunción y sacar a los presos desde una pista cercana ubicada en una estancia. Pero la aviación naval, también cercana, atacaría con rapidez. Asimismo, en el interior del penal se había iniciado la construcción de un túnel que luego se abandonó debido a que la celda en la que se comenzó el trabajo se inundaba y a que era en extremo complicado deshacerse de la tierra extraída. Finalmente, sería el comité elegido dentro de la cárcel el que diseñaría el plan definitivo de

---

[8]La siguiente reconstrucción se hizo en base a Anguita, Eduardo y Caparrós, Martín: *La Voluntad. Una historia de la militancia revolucionaria en la Argentina*, Tomo II: 1969-1973, Planeta, Bs. As., 2006; el Documental *Trelew*, de Mariana Arruti, 2004; Seoane, op. cit.; Martínez, op. cit. y Petralito, Cristián y Alderete Alberto, *Trelew, Historia de una masacre y la organización popular como respuesta*, Nuestra América, Bs. As., 2007.

la que sería una fuga masiva. Frente a las dificultades de contar con apoyo externo, el éxito estaría garantizado desde dentro: coparían el penal y luego se dirigirían en coches y camiones hacia el aeropuerto de Trelew, donde abordarían un avión hacia Chile.

A principios de julio están en marcha, arman las listas de compañeros que integrarían los tres grupos sucesivos en el orden de salida y disponen que los grupos operativos se formen por pabellón y no por organización. Desde ese momento, la vida cotidiana de los militantes se volcó por completo a cumplir tareas vinculadas a la fuga. Acumulación de información sobre la rutina de los guardias, confección de planos, medición de todos los espacios del penal, de los pasos exactos que había entre pabellón y pabellón y de tiempos tardados en recorrerlo, fabricación de uniformes y de gorras similares a las del servicio penitenciario, construcción de púas con hierros viejos y pedazos de camas y de armas con jabón y madera, etc. Con la colaboración de un guardia, lograron introducir un uniforme militar y un arma, necesaria para reducir a los primeros guardiacárceles, ya que, según el plan estipulado el resto del armamento sería obtenido de la toma de la sala de armas del propio penal.[9] Los testimonios de aquellos que hoy repasan estos hechos tienen un punto en común. Recuerdan la alegría de esos días de intensa actividad en los que cada uno cumplía su parte en un plan que, sin conocer en su totalidad, confiaban profundamente en alcanzar. Convicción, confianza, solidaridad, camaradería son los adjetivos que repiten a la hora de calificar el ánimo de los presos dentro del penal. Por su parte, los grupos operativos externos debían garantizar los vehículos para conducir a sus compañeros hasta el aeropuerto y la toma del avión comercial.

El 15 de agosto a las 18:22 de la tarde comenzó la fuga. El primer grupo, compuesto por los seis miembros de la dirección y apodado "la topadora", garantizó la apertura del penal: salió de su pabellón y tomó la guardia de entrada de la cárcel. La tarea más importante sin la cual era imposible seguir adelante. Al frente, disfrazado de oficial, iba Vaca Narvaja, simulando conducir una visita militar. Tomaron también la sala de armas. Dos de ellos, Gorriarán Merlo y Quieto subieron a los pabellones donde se alojaban las mujeres y redujeron al guardia; en su interior ya habían sido reducidas sin inconvenientes las custodias. Todas las reclusas se dirigieron luego hacia la salida. El segundo grupo, compuesto por 19 militantes, debía consolidar

---

[9]El guardia que colaboró en la fuga, por dinero, se llamaba Fazio. Tiempo después apareció muerto, con claros signos de haber sido torturado.

todo lo que se iba tomando. Así avanzó el copamiento de los sitios claves del penal: la enfermería, la cocina, la capilla y el patio.

Resguardados por dos miembros del segundo grupo, los del primero procedieron a tomar las garitas ubicadas en los muros del penal y en las cuales se encontraban custodios armados. En la garita de la entrada se originó el único enfrentamiento que se produciría en la operación. Como resultado fue herido un guardia y otro, de apellido Valenzuela, falleció. En total se redujeron alrededor de setenta guardias. A las 18:40 el penal estaba completamente tomado.

Una vez afuera comprobaron que algo había salido mal. Los vehículos grandes no estaban, sólo vieron acercarse un Ford Falcón conducido por el militante de las FAR Carlos Goldemberg. Según lo estipulado, inmediatamente subieron a él los seis miembros del primer grupo. Osatinsky, ordenó buscar a los camiones. En vano dieron vueltas en los alrededores del penal. Los camiones se habían ido. A los cinco minutos tomaron rumbo hacia el aeropuerto, sin saber que Arturo Lewinger, otro militante de FAR, interpretó mal una señal emitida desde el penal, creyó que la toma había fracasado y ordenó la retirada de la camioneta y de los dos camiones. Los siete del Falcón lograron llegar al aeropuerto y subir al avión que minutos antes habían tomado Ana Weissen, Víctor Fernández Palmeiro y Alejandro Ferreyra.

En el penal, ante la evidencia de la falla del operativo y en completo orden se tomaron dos decisiones: el segundo grupo llamaría remises para intentar llegar al aeropuerto, el resto no saldría y mantendría la toma para dar tiempo a la fuga de los demás. Esta orden se cumplió: recién al día siguiente, a las 8 de la mañana, el tercer grupo depondría las armas y la cárcel volvería al control militar.

Apretujados en tres autos, los 19 militantes del segundo grupo llegaron tarde y vieron alejarse el avión que debería haberlos sacado del país. Por un instante creyeron que aún tenían una oportunidad porque vieron que otro avión se acercaba a la pista. Intentaron detenerlo ordenándole, desde la torre de control, que aterrizara de inmediato. Pero, en la cabina los pilotos recibieron antes la alerta militar y levantaron vuelo. En ese momento, un batallón de infantes de marina, al mando del capitán de corbeta Luis Sosa, tomaba posición y rodeaba el aeropuerto.

Los catorce hombres y las cinco mujeres que quedaron sin posibilidades de huir, decidieron tomar el aeropuerto de Trelew para negociar su rendición, entregar las armas y retornar al penal de Rawson. Sin perder la calma y manteniendo una estricta disciplina, los militantes manejaron la situación respondiendo a los responsables designados por las tres organizaciones: Maria Antonia Berger por las FAR, Mariano Pujadas por Montoneros y Pedro Bonet por el PRT-ERP. Todos ellos sabían perfectamente la situación en la que se encontraban y que el objetivo principal era garantizar su seguridad: "no solamente que no nos asesinen, como han asesinado a otros compañeros, sino tampoco para caer bajo la tortura a la cual permanentemente las fuerzas represivas están adictas", dijo Bonet en la conferencia de prensa convocada en el lugar.

Frente a los medios locales y nacionales, solicitaron la presencia del juez federal Alejandro Godoy y la de un médico para que corroborara el buen estado físico en el que se encontraban. Aprovechando, además, esta oportunidad para explayarse en temas de política nacional y en las perspectivas de una futura unidad de todas las organizaciones.

El capitán Sosa accedió a estos requerimientos y a las 23:15 los fugitivos depusieron las armas. Así, desarmados y acompañados por el Juez, el abogado Mario Amaya y dos periodistas locales, los 19 militantes subieron a un ómnibus naval que, contrariando el arreglo, se dirigió a la Base Aeronaval Almirante Zar, en cuya entrada fueron despedidos los acompañantes civiles de grupo.

Desde ese instante todo contacto con ellos fue imposible. Inútiles fueron los intentos de realizados por sus familiares que, frente a la noticia de la fuga, llegaron desde distintos lugares del país. Los abogados de los presos, Amaya e Hipólito Solari Yrigoyen, no podían acercarse a la base. El resto de los abogados, Rodolfo Ortega Peña, Carlos González Garland, Eduardo Luis Duhalde, Rodolfo Mattarollo y Pedro Galín ni siquiera pudieron acercase a la ciudad, declarada en estado de emergencia y completamente tomada por las fuerzas militares. Al establecer el estado de emergencia, Lanusse dispuso un movimiento de fuerzas que garantizaba su comunicación directa con el área afectada. Si bien la base Almirante Zar pertenecía a la Armada, al declarar el estado de emergencia, puso a cargo de las decisiones operativas en la zona al general Eduardo Ignacio Betti, quien llegaba para reforzar la actuación de Jorge Ceretti, jefe del V Cuerpo del Ejército en cuyo territorio estaba la cárcel de Rawson.

A pesar de que los detenidos en la base se encontraban a completa disposición del arbitrio militar, era imposible prever el desenlace. No porque se subestimara la capacidad de represalia del Estado y de las fuerzas represivas sino porque hasta ese momento los militantes ferozmente torturados y desaparecidos habían sido victimas del accionar clandestino del régimen.

En marzo de 1970 había desaparecido el militante de las FAL Alejandro Baldú y, en diciembre de ese año, el abogado laboralista Néstor Martins junto a su cliente Nildo Zenteno. A mediados de 1971, el matrimonio Verd en San Juan y Juan Pablo Maestre y Mirta Misetich, de las FAR, en Buenos Aires. En septiembre sería detenido ilegalmente y desaparecido Luis Pujals, jefe del PRT en Santa Fe. Todas estas desapariciones y asesinatos siempre fueron negados por el ministro del Interior de Lanusse, Arturo Mor Roig. Por eso, la enorme preocupación de los fugados en el aeropuerto era dar a conocimiento público su situación. En este mismo sentido actuaron los abogados al iniciar gestiones con el Juez de la Cámara Federal en lo Penal de la Nación, Jorge Quiroga, a cargo del sumario iniciado después de la fuga. Esta Cámara se había creado especialmente el 28 de mayo de 1971, mediante la Ley 19.053, para el tratamiento de los cada vez más frecuentes delitos catalogados como "guerrilleros" y/o 'subversivos'.[10] El hecho de que las fuerzas represivas dieran lugar a su intervención, en un punto, tranquilizaba a los militantes que conocían la estrecha relación entre dicha Cámara y el gobierno de Lanusse. Desde la perspectiva de las direcciones de las organizaciones esto significaba la intención de legalizar a los detenidos mediante su traslado a una cárcel federal.

La situación era, sin embargo, preocupante. Las peticiones realizadas a Quiroga, que permitiera la asistencia de médicos y defensores a la toma de declaración de los 19 detenidos, fueron denegadas. El día 16 fue detenido el abogado Mario Amaya.[11]

Según las declaraciones posteriores de los sobrevivientes, al llegar a la base y durante los tres primeros días fueron sometidos a un trato correcto por parte de los marinos. Les dieron colchones y mantas para dormir y sólo los retiraban individualmente de las celdas para comer, ir al baño y para ser interrogados. Esto último se realizaba de madrugada y todos se negaron, rotundamente y hasta el final, a hacerlo. A partir del tercer día fueron retirados los soldados que los custodiaban, quienes fueron reemplazados por oficiales y suboficiales. A partir de allí el trato se endureció.

El 22 de agosto a las 3.30 de la madrugada, el capitán Sosa, seguido por el capitán Herrera, los tenientes Roberto Bravo y Emilio Del Real y el

---

[10]Asimismo se dictó la Ley 19.081 de Seguridad Nacional-Empleo de las Fuerzas Armadas que estableció por el artículo 7° que en caso de que, como consecuencia de las operaciones militares se produjeren detenciones, las personas y los elementos probatorios serían puestas a disposición de dicha Cámara Federal.
[11]En octubre de 1976, Amaya será detenido y asesinado a golpes.

cabo primero Carlos Marandino, ordenó a los presos salir de su celda. María Antonia Berger recuerda que

"una vez en el pasillo que separa las dos hileras de celdas que son ocupadas por nosotros, nos ordenan formar de a uno, dando cara al extremo del pasillo y en la puerta misma de nuestras celdas [...] De pronto, imprevistamente, sin una sola voz que ordenara, como si ya estuviesen todos de acuerdo, el cabo obeso comienza a disparar su ametralladora sobre nosotros, y al instante el aire se cubrió de gritos y balas, puesto que todos los oficiales y suboficiales comenzaron a accionar sus armas. Yo recibo cuatro impactos de bala [...] Escucho la voz del teniente Bravo dirigiéndose a Alberto Camps y a Cacho Delfino, gritándoles que declaren; ambos se niegan, lo cual motiva disparos de armas cortas [...] escucho, sí, más voces de dolor que son silenciadas a medida que se suceden nuevos disparos de armas cortas; ahora sólo escucho las voces de nuestros carceleros, que con gran excitación comienzan a inventar una historia que justifique el cruel asesinato".

La decisión de asesinar a los detenidos se habría tomado el día anterior en Buenos Aires en una reunión en la que habrían participado el presidente y Comandante en Jefe del Ejército Alejandro Lanusse, el Comandante en jefe de la Fuerza Aérea brigadier Carlos Alberto Rey, el Comandante en jefe de la Armada, almirante Guido Natal Coda, el jefe del Estado Mayor del Ejército Jorge Rafael Herrera y el jefe del Estado Mayor Conjunto Hermes Quijada. Todos ellos, alrededor de las 13:40, habrían recibido el informe del canciller Eduardo McLoughlin en el cual daba cuenta del resultado de su entrevista con el embajador chileno Ramón Huidobro y con el general, también chileno, Sepúlveda. Estos últimos le habían informado la decisión tomada por el presidente Salvador Allende, quien, en medio de una gran presión popular, había otorgado un salvoconducto para llegar a Cuba a los diez refugiados argentinos. Asimismo, ese día entraron y salieron varias veces de la reunión el secretario de la Junta Militar Brigadier Ezequiel Martínez, el secretario general de la Presidencia Rafael Panullo y el ministro del Interior, el radical Arturo Mor Roig.[12]

---

[12]Después de estos hechos, Sosa fue enviado a EE.UU. "'en comisión' por decreto 3.495 de abril de 1973. Fue el último que firmó el general Alejandro Lanusse como presidente antes de entregar el poder a Héctor Cámpora. El decreto expresaba 'la conveniencia para la Armada Argentina de que un oficial realice el curso de Infantería de Marina en Estados Unidos'. La duración de la comisión era de 366 días con un viático de 40 dólares diarios. Cuando en 1974 se citó a Sosa y a Bravo para declarar por los hechos de Trelew, la Armada informó que estaban en el extranjero. Y dio una dirección [...] la de la Agregaduría Naval Argentina en Estados

La información surgida de los avances realizados en la causa abierta en el 2006 por el juez federal de Rawson Hugo Sastre, ratifican estas afirmaciones.[13] Por un lado desmienten la versión de que las muertes resultaran de un enfrentamiento con los detenidos que intentaba huir. En este punto, el silencio castrense fue roto por el cabo Marandino. Según él

"el oficial que instruyó el sumario [el capitán de navío (R) Jorge Enrique Bautista] obligaba a declarar a quienes estuvieron esa madrugada en la Base, que el guerrillero Mariano Pujadas intentó desarmar al capitán Sosa. Y que hubo un enfrentamiento [...] En su declaración [...] contó al juez que a las 3:15 de la mañana vio entrar a la zona de los calabozos a los oficiales Sosa, Herrera, Del Real y Bravo. 'Sosa me ordenó que abriera las celdas y que despertara a los presos. Los cuatro ingresaron con ametralladoras Pam colgadas en el hombro y una pistola calibre 45 en la cintura' [...] Y agregó: 'Después me pidieron que me haga a un lado [...] enseguida comenzaron las ráfagas de las ametralladoras'."[14]

Por otro lado, dos de los testimonios vertidos por marinos detenidos por esta causa involucran en la responsabilidad de los asesinatos a altos mandos del Estado y de las Fuerzas Armadas. En sus declaraciones, el capitán Rubén Paccagnini, que en 1972 se desempeñaba como Jefe de la Base Aeronaval Almirante Zar, y el contralmirante Horacio Mayorga, entonces jefe de operaciones con sede en Puerto Belgrano, responsable de todas las bases navales

---

Unidos. Años después apareció como agregado militar en la Embajada Argentina en Honduras. Se informó que se había retirado en 1981." http://www.fopec.com. ar/2008/02/25/masacre-de-trelew-como-la-armada-protegio-a-sus-hombres/.   En mayo de 1973 Marandino también fue enviado también en comisión a EE.UU. En 1975 fue ascendido a cabo primero y pasado a retiro. http://www.pagina12.com.ar/ diario/elpais/1-99410-2008-02-22.html.

[13]Como resultado de la apertura de esta causa, caratulada como "Luis Emilio Sosa, Roberto Guillermo Bravo y otros sobre presuntos autores de privación ilegítima de la libertad y torturas (19 hechos), homicidio doblemente calificado (16 hechos) y tentativa de homicidio (3 hechos)", la justicia detuvo a los ex marinos Luis Emilio Sosa, Emilio Del Real y Carlos Marandino, encontrándose en calidad de prófugo el ex teniente Guillermo Bravo, jefe de la guardia en la base la madrugada de los asesinatos; a Rubén Norberto Paccagnini y Horacio Alberto Mayorga como cómplices necesarios y a Jorge Enrique Bautista como cómplice secundario por encubrimiento; al ex brigadier Carlos Alberto Rey, Comandante en Jefe de la Fuerza Aérea como partícipe en la decisión de producir los fusilamientos y al ex general José Luis Betti, al mando de todas las operaciones desplegadas en Chubut.

[14]http://www.clarin.com , 22/2/2008.

de la Patagonia y por lo tanto superior directo de Paccagnini, afirmaron que las órdenes provinieron de la Presidencia de la Nación, el Ministerio del Interior y la Cámara Federal en lo Penal.[15]

De este modo, queda de manifiesto con claridad aquello que en los '70 resultaba evidente para los militantes: la estrecha vinculación entre el poder civil y militar a la hora de ejercer la represión. Fue sobre la base de esta caracterización que el ERP 22 de Agosto ejecutó al contralmirante Hermes Quijada el 30 de abril de 1973 y el 28 de abril de 1974 al Juez Jorge Quiroga. Con esta misma perspectiva, el 15 de julio de 1974 Montoneros ejecutó al ex ministro Arturo Mor Roig.

Si bien la operación tal como había sido ideada había fracasado, la salida de las direcciones constituía un éxito para todas las organizaciones que, de este modo, garantizaban la vida y la vuelta a la actividad de sus mejores cuadros. Efectivamente, luego de arduas negociaciones los 10 militantes que llegaron a Santiago de Chile viajaron a Cuba, regresando clandestinamente a la Argentina. La magnitud de la represalia del gobierno denota la importancia real de este resultado parcial alcanzado por el operativo.

El Trelewazo

La fuga de los presos de la cárcel no es el único acontecimiento relevante que conmocionó a los pueblos de Trelew y Rawson en 1972. En ese año se produjo también una insurrección popular: el trelewazo. El hecho se desató el 11 de octubre cuando la zona, declarada nuevamente en estado de emergencia, fue tomada por las Fuerzas Armadas. Ese día a la madrugada tropas conjuntas de la Marina, el Ejército, la Gendarmería y la Policía pusieron en marcha el Operativo Vigilante: tomaron por asalto tres ciudades, Trelew, Rawson y Puerto Madryn, realizaron más de 100 allanamientos y detuvieron a 20 personas, de las cuales 16 fueron trasladadas a la cárcel de Devoto en Buenos Aires. Entre ellas figuraban miembros de casi todas las fracciones sociales y políticas de la población: "un médico, un abogado, un escribano, un estudiante, un maestro, un psicólogo, tres obreros; trece hombres, tres mujeres; militantes del peronismo, de la UCR, del Socialismo."[16] La mayoría de los detenidos formaban parte de la Comisión de Solidaridad con los presos políticos recluidos en la cárcel, como los abogados radicales Mario Amaya y Beltrán Mulhall, Elisa Martínez de Franzetti, Horacio Mallo, Celia Negrín,

---

[15]http://www.lanacion.com.ar, 29/2/2008.
[16]Martínez, op. cit. p. 182.

Gustavo Peralta, Manfredo Lendzian e Isidoro Pichilef. A ellos se sumaron, Sergio Soto y Horacio Correa, el militante comunista Elvio Bel, el periodista Luis Montalto, la profesora Encarnación Díaz de Mulhall, el sindicalista y militante del Movimiento de Integración y Desarrollo, Orlando Echeverría, el escribano radical Manuel del Villar, el militante del Socialismo Popular Sergio Maida y el almacenero Alberto Barceló. También fueron detenidos y liberados a las pocas horas, Carlos Maestro, Silvia García de Echeverria y Silvia Grattoni, que eran miembros de la Comisión de Solidaridad.

A la mañana siguiente del Operativo y desafiando la presencia militar que circulaba con sus tanques por la ciudad, la población entera se reunía en las esquinas y los bares para obtener detalles de los allanamientos, hacer la lista de detenidos y ver qué hacer para liberarlos. Los dirigentes de todos los partidos políticos estamparon su firma en sendos telegramas que enviaron a la gobernación y a la presidencia solicitando retiraran las fuerzas militares de la región y liberaran a los presos. Luego, centralizaron la acción de la población, solicitando al intendente permiso para designar al teatro Español cómo lugar reunión. El teatro, desde ese momento, se constituyó en el centro de la deliberación popular. Desde allí saldría la resolución de llamar a un paro general de actividades para el día 13. Paro realizado por todos los sectores, incluido los agremiados a la CGT, cuyas direcciones regionales y nacionales apoyaron la intervención militar que, según ellas, eran las "encargadas del mantenimiento de la paz social que posibilite la normalización institucional de la república."[17] Allí permaneció una delegación permanente de la Asamblea multitudinaria que llenaba las butacas del teatro durante las horas del día. Allí surgieron también los responsables de suministrar alimentos y papel para los volantes, los de garantizar su edición y los de la limpieza del lugar. De allí, finalmente, partían las movilizaciones que recorrían los barrios y convocaban a la gente.

La presión popular pedía la destitución del gobernador, el contralmirante Costa, que terminó viajando a Buenos Aires para gestionar la libertad de los detenidos. Los primeros resultados se obtuvieron el 16 de octubre, día en que fueron liberados y devueltos a Trelew los primeros 10 detenidos. Luego llegaría el resto, hasta que el 27 de octubre fueron liberados los dos últimos: Gustavo Peral y Elvio Bel. A partir del 16, con el cumplimiento casi total de la principal demanda del movimiento la actividad popular fue replegándose.

---

[17]Declaración emitida por la Regional de la CGT, en Martínez, op. cit. p. 191-192.

El insumo principal de esta movilización surgió de la interacción de los pobladores con los presos políticos, sus familiares y sus abogados defensores. Cuando los militares depositaron en la lejanía patagónica a los militantes sindicales y político militares más destacados de la época, tenían un objetivo: alejarlos de las bases sociales a las que pertenecía cada uno de ellos. Romper los lazos que, a lo largo de años de militancia, habían tejido con las masas en sus respectivos frentes de lucha. Desde la perspectiva militar, los pueblos del sur, alejados de la turbulencia social de las provincias del centro y norte del país, constituían el lugar más adecuado para alcanzar este fin. Sin embargo, este objetivo no se cumplió.

Los familiares y abogados se vincularon a los pobladores y comenzaron a quedarse en sus casas cuando iban de visita. Las enormes distancias que impedían la presencia constante de estos familiares, impulsó a los habitantes del lugar a constituirse en apoderados de los presos. Así comenzó el primer contacto. Gustavo Peralta apoderado del militante montonero Manuel Lorenzo, refiere estas impresiones

"queríamos proporcionarles las cosas que necesitaban. Llevarles caramelos y cigarrillos [...] algunos por convicción política otros por curiosidad [...] cuando entré en la cárcel por primera vez [...] me senté junto a Manuel [...] a mi izquierda, un hombre de unos cuarenta años le encendía la pipa a un chico que tendría diecisiete o dieciocho, mientras le hablaba con un afecto muy profundo, cálido [...] pensé que el muchacho sería el combatiente. Saludé al hombre con la cabeza, él desdeñó mi gesto y me dio un abrazo lleno de ternura. 'Sos el apoderado de Manolo' –dijo-, y comenzó a preguntar cómo era mi trabajo, cómo estaba mi mujer, que tal andaba el mundo. Me di cuenta de que el combatiente era él. Tenía unos ojos azules grandes e intensos y una sonrisa que no se le borraba. Era Marcos Osatinsky, de las Fuerzas Armadas Revolucionarias."[18]

La necesidad de organizar la asistencia de los detenidos impulsó, a su vez, la formación de la Comisión de Solidaridad con ellos. De este modo, el remedio pergeñado por las fuerzas represivas, se transformó, poco a poco en la enfermedad. Porque la influencia política de los reclusos comenzó a filtrarse por fuera de los muros de la prisión. Y su presencia contribuyó a recrear lazos y relaciones contrarios a los intereses de los represores. Este proceso es reflejado también por el testimonio del apoderado de Manuel Lorenzo:

---

[18]Los testimonios reproducidos en este acápite fueron extraídos de Martínez, op. cit.

"Oficialmente íbamos a ofrecer ayuda a los prisioneros. Pero éramos nosotros, en realidad, los que la recibíamos [...] todos fuimos cambiando sin darnos cuenta [...] Discutían sus luchas con nosotros y se preocupaban por la repercusión que tenían en la gente."

Si bien es cierto que el traslado de los presos a la Base Almirante Zar y la masacre posterior no generó la movilización general de la población, los principales activistas fueron asimilando y aprendiendo de los sucesos que se iban sucediendo. Según Peralta, el día de la fuga "a pesar del toque de queda, hubo compañeros que salieron a patrullar por si acaso alguno de los fugitivos andaba todavía por ahí y necesitaba ocultarse." Él mismo llevó a su familia a la casa de sus suegros y pasó la noche escondido en su lugar de trabajo hasta que "acabara la batida". Experiencias que, sumadas, se desplegarían partir del 11 de octubre. Además, ese día se actualizaría en todos un importante balance que, más o menos intensamente, recorría la mente de gran parte de los habitantes de Trelew y Rawson: una mezcla de culpa y remordimiento por no haber salido y "hacer algo" por los "muchachos del penal". Según uno de los lideres del trelewazo, el secretario del comité radical, Chiche López

"nos dimos cuenta de lo torpes que habíamos sido entre el 15 y el 22 de agosto [...] Otro habría sido el cantar si nos hubiésemos organizado para exigir el traslado de los diecinueve muchachos de la base al penal, o si hubiéramos intentado ir a la base en manifestación. Aprendimos tarde".

De este modo es un error considerar que la contundencia de la respuesta social frente a la intervención militar de octubre, fue la respuesta 'espontánea' de una ciudadanía atropellada por la brutalidad castrense. Al contrario, estuvo influenciada por la 'gimnasia' político organizativa que la población venía desarrollando a través de su vinculación con la realidad de los presos de la cárcel de Rawson.

Además, por más al sur que se encontrara, Chubut era parte de la Argentina y, como tal, estaba sometida a las mismas determinaciones sociales y políticas que empujaron a las sucesivas insurrecciones populares que, desde 1969, confrontaban con firmeza el poder estatal en Córdoba, Tucumán, Rosario o Corrientes. La acción directa de los protagonistas del trelewazo, inserta en esta tendencia insurreccional general, constituida por fuera de los canales de políticos e institucionales, corroía los cimientos de la dominación burguesa del Estado. Y, de este modo, se instituía en el verdadero peligro que explica la ferocidad de la ofensiva militar a la hora de disciplinar a las masas.

Siendo parte de este movimiento más general el trelewazo reprodujo también las características y los límites portados por él. Por un lado, la unidad y la radicalidad de los métodos de acción desplegados en las calles; por el otro, la debilidad política de los objetivos perseguidos con dicha acción. Esta última es la causa principal de la rapidez con la que el movimiento se replegó.

Con vida los queremos

"Nuestras clases dominantes han procurado siempre que los trabajadores no tengan historia, no tengan doctrina, no tengan héroes ni mártires. Cada lucha debe empezar de nuevo, separada de las luchas anteriores. La experiencia colectiva se pierde, las lecciones se olvidan. La historia parece así como propiedad privada cuyos dueños son los dueños de todas las cosas. Esta vez es posible que se quiebre el círculo..."

Rodolfo Walsh

Recorrimos en este texto, sucintamente, un momento de la lucha de clases que atravesó la Argentina en los años '70. Un momento cuyo despliegue resume las mayores virtudes alcanzadas en la etapa y, a la vez, sus puntos más débiles. De un lado, la capacidad y la calidad militante de hombres y mujeres entregados a la lucha por la revolución. De otro, la contradicción entre la prosecución de este fin y el uso de una estrategia militar que, en una profunda crisis de dominación de la burguesía, no ayudó a capitalizar el descontento popular. En la Argentina, con sus enormes masas obreras, urbanas y sindicalizadas, poco se podía hacer desarrollando un método de lucha que se había mostrado eficaz nutriéndose con las masas campesinas.

Vale, sin embargo, rescatar la historia de estos compañeros para los cuales la convicción de luchar por la transformación total de una sociedad envilecedora como la capitalista se convirtió en un combustible inagotable. En los buenos tiempos, cuando las cosas marchaban, pero también en aquellos otros signados por las más terribles adversidades, que fueron y son, hay que decirlo, la mayoría. Para ellos, como para tantos otros luchadores, la persecución, la cárcel, la tortura, la deportación o el exilio, lejos de ser excepciones, constituyeron una parte sustancial de su vida y como tal la asumieron.

Rescatar esta historia tiene sin embargo un valor que, dada la ferocidad desatada contra todos sus participantes, tiende a quedar oculto. Todos ellos, juntos a tantos otros en aquella época, fueron parte de una fuerza social que disputó el poder a la burguesía. Su peligrosidad radicaba en su enorme capacidad para articular relaciones sociales y políticas contrarias a las defendidas por el sistema capitalista. Esta perspectiva es la que hay que retomar. Frente a los avatares de una política oficial que busca hoy cerrar la etapa a partir de la realización de los juicios a los responsables materiales de la masacre, importa no perder de vista el objetivo real de la lucha. Los pasos dados en pos del encarcelamiento de algunos de nuestros enemigos son justamente eso, pasos. No alcanza con verlos presos. La tarea principal es continuar la lucha, terminar aquello que la represión detuvo pero no pudo exterminar. La vida y la muerte de todos nuestros compañeros que cayeron en Trelew nos señalan este camino.

Justicia no, socialismo
Trelew, entre los derechos humanos y la política revolucionaria

Eduardo Sartelli

> "Las ideas dominantes de una época son las ideas de la clase dominante"
> Carlos Marx

¿Por qué Trelew?

Durante todo el año 2007 una serie de homenajes, recordatorios y llamados a la "memoria" tuvieron como objeto privilegiado la masacre de Trelew, de la que se cumplían treinta y cinco años. No fueron pocos aquellos que, como la película estrenada en el 2004, se sumaron a las exigencias de "justicia" para las "víctimas" y castigo para los "culpables". Fue por esa época que el equipo editorial de Razón y Revolución comenzó a trabajar con un proyecto imaginado años antes en torno al grupo de poesía nucleado en la revista *Barrilete*. Como queda dicho en el prólogo, los resultados fueron una serie de artículos para *El Aromo*, además de un trabajo más extenso publicado por el *Anuario del CEICS* y, centralmente, la edición de la obra poética completa de su alma mater, Roberto Santoro. En el camino, acumulamos materiales de todo tipo, entre ellos el *Informe sobre Trelew*. Hubiera sido fácil publicarlo entonces sin mayores aditamentos, aprovechando el clima. No quisimos. Queríamos primero avanzar en el conocimiento del grupo que lo había producido y ofrecerlo al lector, cuando se pudiera enmarcarlo correctamente. A poco de pensar esta edición nos resultó evidente que el cumplimiento de esa voluntad no se podía limitar a ese conocimiento elemental. Que había que desarrollar la descripción del hecho mismo y, por lo tanto, el cuadro más amplio del proceso social del que formó parte. Sólo así el texto recuperaría todo su brillo. Esa es la razón de la estructura tripartita de este estudio introductorio.

El clima imperante, entonces, respondía a la pregunta de este acápite de manera sencilla: hubo allí un crimen, hay que repararlo haciendo "justicia". Continuaba lo que en su momento dio en llamarse la "narrativa humanitaria" y que examinaremos más abajo: los revolucionarios son "víctimas inocentes" que merecen el respeto de sus "derechos humanos".[1] La consecuencia lógica de esta perspectiva es eliminar la lucha de clases en la que se enmarca el hecho y el lugar, material y simbólico, que en ella ocupó. Había, entonces, que dar una "batalla" por Trelew.

¿De qué proceso forma parte el hecho?

Hacia fines de los años '60 el mundo entra en una crisis económica de largo plazo, provocada por la caída de la tasa de ganancia, luego del largo boom de la posguerra[2]. Esa crisis va a potenciar la que el imperialismo viene arrastrando a raíz de las luchas anticoloniales, la revolución cubana, el estancamiento en Vietnam y la crisis interna en los Estados Unidos y Europa. En la Argentina se va a superponer con una tendencia local tan o más poderosa, que busca la supervivencia del capitalismo local sobre la base de renovadas tasas de explotación. Es así que ya a antes de la caída de Perón, pero acelerándose luego, observamos una tendencia a la descomposición de las relaciones sociales y, por ende, a la crisis social y política. Crisis que ataca a todas las clases y las fuerza a entrar en la lucha buscando una nueva relación de fuerzas. No es casual que todo el mundo hable, en la época, de "revolución". Esa larga crisis que se va incubando y que se expresa, entre otras cosas, en el fracaso de la democracia burguesa para constituirse en un régimen estable de dominación, va convocando a todas las fracciones sociales al combate. Un combate que alcanza un punto cualitativamente distinto en el año 1969, en el que las fracciones más poderosas de la burguesía se encuentran aisladas de las grandes masas. Ya no sólo se trata de la proscripción de la clase obrera a través de la proscripción del peronismo, sino también de amplias capas burguesas y pequeño-burguesas.[3]

---

[1] Sobre la "narrativa humanitaria" véase el texto que comentaremos más adelante, Crenzel, Emilio: *La historia política del Nunca Más*, Siglo XXI, Bs. As., 2008.

[2] Véase nuestro *La cajita infeliz*, Ediciones ryr, Bs. As., 2007.

[3] Entre los textos que describen el período, pueden consultarse AAVV: Orígenes y desarrollo de la guerra civil en la Argentina (1966-1976), Eudeba, Bs. As., 1998; y

Efectivamente, el marco general del cual el hecho forma parte es el proceso revolucionario que se inicia con el Cordobazo, en 1969, y se cierra con el golpe del 24 de marzo de 1976. Ese proceso puede dividirse en varias etapas. La primera va desde el Cordobazo hasta la caída de Cámpora y se distingue por el carácter ofensivo de las acciones populares (clase obrera y pequeña burguesía); la segunda, de la asunción de Perón hasta su muerte, definida por una relativa parálisis de las masas ante la acción del bonapartismo; la tercera, desde la muerte de Perón hasta el golpe, destacada por una renovada iniciativa de la clase obrera.

Examinando cada período, vemos que cambia la composición social del sujeto predominante en las acciones. Si en la primera etapa el protagonista era el "pueblo" y el eje era la lucha contra la dictadura militar, tras la desmovilización relativa de la clase obrera durante el primer año de Perón en el poder, la tercera observa la desmovilización de la pequeña burguesía (su pasaje a masa pasiva bajo la dirección de la burguesía más concentrada, cada vez más alineada con el personal político que dará el golpe) y una resurrección de la insurgencia obrera, cuyo punto más alto es la huelga general de junio-julio de 1975.

En la primera etapa, la clase obrera marchará junto con otras fracciones sociales, aunque haya en su interior una línea estratégica que se plantea mucho más que el retorno del líder peronista. Sitrac-Sitram, el segundo Rosariazo y el Vivorazo, son puntos cruciales de este momento en el cual algunas fracciones de la clase obrera, en especial en Santa Fe y Córdoba, y en particular, en el mundo metalúrgico-automotriz, construyeron una fuerza social revolucionaria. La ofensiva burguesa arrinconará a estas fracciones y, sobre todo en la segunda etapa, promoverá su desarme progresivo. La caída de Sitrac-Sitram, del Smata Córdoba, el "Navarrazo" y el Operativo Serpiente Roja del Paraná, entre otras operaciones represivas, surten su efecto. A fines del año '74 y comienzos del '75 estas fracciones han sido controladas, mientras surge el activismo en otras zonas, en particular en el Conurbano bonaerense, lugar de nacimiento de las célebres Coordinadoras. A ellas se las bautizará como "guerrilla fabril" por desarrollar un elevadísimo grado de activismo y tener eje en las comisiones internas dominadas por agrupaciones de izquierda. Esta renovación de las fracciones obreras que lideran la lucha no debe ocultar, sin embargo, que la clase obrera está aislada de las otras

---

Balvé, Beba y Beatriz Balvé: *El '69. Huelga política de masas*, Ediciones ryr, Bs. As., 2005. También, Sartelli, Eduardo: *La plaza es nuestra*, Ediciones ryr, Bs. As., 2006.

fracciones y capas del pueblo, y que buena parte de su propia vanguardia ha sido, si no derrotada, al menos puesta bajo control.[4]

La estrategia de la burguesía, que consiste en destruir la fuerza revolucionaria en desarrollo, tiene dos vías de realización privilegiada. En primer lugar, se trata de romper la unidad del pueblo conseguida en su lucha contra la dictadura, separando a las fracciones burguesas que simpatizaban con las acciones de la fuerza revolucionaria en tanto ésta se confunde en la corriente anti-dictatorial. Para operar dicha separación y, como consecuencia lógica inmediata, sumar a dichas fracciones como soporte del Estado debilitado por la política de la Revolución Argentina, era necesario promover un cambio en la conducción del mismo. De acuerdo a cuál fuera el personal político que se hiciera cargo de la nueva etapa, tal maniobra debía bastar también para incorporar al Estado a las fracciones menos movilizadas de la clase obrera. Suena entonces la hora de la democracia; es también, la hora del peronismo. Este dispositivo democrático tiene, por lo tanto, la función de aislamiento y, en consecuencia, de desmoralización.

La segunda vía consistía en el inicio de una ofensiva militar contra el conjunto de dicha fuerza, a fin de derrotarla materialmente. Asume una forma pública (represión de las movilizaciones populares por la intervención de tropas, etc.) pero también clandestina, como consecuencia lógica de la retirada emprendida por las fuerzas militares. Era, además, la expresión del aprendizaje que la burguesía mundial ha realizado de las experiencias insurreccionales y guerrilleras (Vietnam, Argelia, etc.). La historia de los "desaparecidos" comienza a tejerse en este momento (aunque suele mencionarse como primer caso a Felipe Vallese): los casos Martins y Zenteno se suman a los militantes de FAL Baldú y Dellanave, los Verd, etc. Este ardittismo incipiente comenzará a desarrollarse a mayor escala cuando a agrupaciones como MANO se sumen otras mejor afincadas en el aparato del Estado, como el Comando Libertadores de América y la Triple A. Como todo ardittismo de

---

[4]Para los hechos aquí narrados véase *Hechos y protagonistas de las luchas obreras argentinas*, Editorial experiencias, marzo 1985, sobre la lucha de Villa Constitución y el operativo Serpiente roja; Brennan, James: *El Cordobazo*, Sudamericana, Bs. As., 1996, para Tosco, Salamanca y el Navarrazo y Löbbe, Héctor: *La guerrilla fabril*, Ediciones ryr, Bs. As., 2009, para las coordinadoras de zona norte. Para Sitrac-Sitram, Flores, Gregorio: *Lecciones de batalla*, Ediciones ryr, Bs. As., 2006.

un proceso exitoso de reconstrucción estatal, terminará resumiendo en el propio aparato del Estado, en los grupos de tareas del Proceso militar.[5]

La suerte de la primera vía, puesta en marcha con el Gran Acuerdo Nacional (GAN), resulta paradójica: en su despliegue se fagocitará a su creador, Lanusse, y a su principal beneficiario, Perón. El primero no logrará ni siquiera organizar una salida decente del gobierno ni condicionar a Perón. El segundo gana las elecciones sólo para descubrir que el problema en que se ha metido es poco menos que insoluble. La realización del golpe hará creer en el fracaso de la democracia burguesa, pero en realidad constituyó una pieza esencial que cumplió sus objetivos con total eficacia: separó a las fracciones liberales de la burguesía y sobre todo de la pequeña burguesía de las fuerzas revolucionarias, reafirmó la conciencia reformista en el seno de las masas menos movilizadas y dividió a la dirección de dicha fuerza. Montoneros se plegará al gobierno de Perón hasta que resulte ya demasiado obvio que había en marcha un proceso de aniquilamiento dirigido desde la propia Casa Rosada y que no había forma de evitar un enfrentamiento directo con su principal inquilino. El PRT seguirá combatiendo, pero al costo de alienarse aún más la voluntad de las fracciones menos movilizadas de la clase obrera y la pequeña burguesía, aunque sobre el final habrá ganado autoridad moral sobre el conjunto de la vanguardia. Incluso sufrirá divisiones provocadas por su actitud en la etapa "democrática: el ERP 22 de agosto se separará por su apoyo crítico al camporismo.[6]

---

[5]Sobre el fenómeno del "arditismo", véase Gramsci, Antonio: *Quaderni del Carcere*, Einaudi, Trento, 2007, volume primo, p. 120-121. El arditismo (de "ardito", ardiente, atrevido, audaz), es decir, el uso de pequeños escuadras especiales para tareas puntuales que requieren de capacidad técnica, es una táctica para emplear la lucha ilegal por parte de una clase que tiene bloqueada, políticamente, la posibilidad de utilizar en forma abierta el aparato represivo del Estado. El arditismo presupone, sin embargo, la aquiescencia del Estado y es, además, una forma de reconstrucción del mismo. En la historia europea, el fascismo y el nazismo tuvieron su etapa de arditismo; en Argentina, fuera de este período, se desta la Liga Patriótica, durante el primer gobierno de Irigoyen. Sobre las primeras "desapariciones", véase Foro de Buenos Aires por la Vigencia de los Derechos Humanos: *Proceso a la explotación y a la represión en la Argentina*, Bs. As., 1973. MANO es el comando que se atribuye la desaparición de Martins y Zenteno. Sobre el Comando Libertadores de América y la Triple A, véase Larraquy, Marcelo: *López Rega*, Sudamericana, Bs. As., 2004 y Anzorena, Oscar: *Tiempo de violencia y utopía*, Contrapunto, Bs. As., 1988.
[6]Sobre la política del PRT en esta etapa véase la colección de documentos *A vencer o morir*, compilados por Daniel De Santis (Eudeba, Bs. As., 1998), tomo 1, cap. 9.

La segunda vía no será menos efectiva. Los "desaparecidos" y asesinados (entendidos éstos como aquellos cuyos cuerpos fueron recuperados) alcanzarán varios miles de casos antes de la llegada de Videla. Dirigentes sindicales, políticos, cuadros militares, serán objeto de la política de aniquilamiento que irá destruyendo molecularmente los puentes que las organizaciones revolucionarias han ido tejiendo con las fracciones más dinámicas de la clase obrera y la pequeña burguesía. Esa tarea dejará, además de bajas materiales cuantiosas, una magnitud mayor de bajas morales.[7]

La primera vía llegará a su mayor triunfo con su propio agotamiento, es decir, con el golpe. En el camino permitió a la fuerza de la contra-revolución, que expresaba a la burguesía nacional y extranjera más concentrada, acumular fuerzas, trazar alianzas, transformarse en dirigente y seleccionar el personal político adecuado para reoganizar el conjunto de la sociedad a su imagen y semejanza. El Proceso vendría a cumplir esta segunda parte de la tarea, que permitiría no sólo la liquidación de la fuerza revolucionaria sino el desarme de todas las demás fracciones burguesas y de las fracciones refomistas de la clase obrera. Las jornadas de junio-julio de 1975 fueron simultáneamente el canto del cisne de aquella fuerza revolucionaria y el toque de alarma sobre la necesidad de cortar la insurrección antes de que ésta volviera a desatarse. Todos los partidos burgueses entendieron el momento y su comprensión de la circunstancia se manifestó en la forma en que allanaron el camino al personal militar. No por casualidad será el radical Ricardo Balbín el encargado de pronunciar dos frases célebres que abren y cierran la etapa del aniquilamiento: aquella que alertaba sobre la "guerrilla fabril" y la que anunciaba que todos los desaparecidos estaban muertos. No por casualidad será el peronista Italo Luder el candidato del Pacto militar-sindical, cuando otro personal político deba venir en reemplazo del agotado durante la mencionada etapa.

Entonces, ¿qué lugar ocupa Trelew en este proceso? Resulta interesante notar la diferencia entre el documental *Trelew*, de Mariana Arruti y *Gaviotas Blindadas*, del grupo Mascaró. El primero es básicamente una descripción de la fuga, que omite el debate político en el interior de las organizaciones protagonistas y que no termina por explicar la razón por la cual se produjo la masacre. Si bien el segundo no abunda en el debate programático (un problema presente en la gran mayoría de estos documentales, como puede

---

[7]Se entiende por baja "moral" la pérdida de un combatiente no por razones físicas (heridas graves, muerte, etc.) sino por incapacidad sicológica (es decir, política) de seguir combatiendo.

verse en *Raymundo*, sobre Raymundo Gleyser, de Ardito y Molina), por boca de Pedro Cazes Camarero aparece un elemento importante, bien conocido por todos aquellos que discuten los problemas estratégicos del período: Montoneros no apoya la fuga, porque su política va dirigida al GAN, es decir, a jugar en la "salida" democrática y el retorno de Perón. Dentro de la cárcel participa activamente, sin embargo, por la presencia de las FAR, a las que pretende incorporar a su organización. El juego del GAN es el que determina, también, la decisión del asesinato masivo: el gobierno militar no quiere que se le escape de las manos el proceso de "transición". Una fuga exitosa de tal magnitud no sólo lo dejaría en ridículo sino que además mostraría una profunda debilidad política.

Trelew ocupa entonces un punto de inflexión en la política nacional y, por ende, en la política de los agrupamientos revolucionarios. Es el punto en el que la unidad de hecho entre las organizaciones y la relación estrecha con las masas populares va a romperse. No por el hecho "Trelew", sino por el proceso del cual Trelew es expresión: un proceso revolucionario que la burguesía sólo puede parar aislando a las organizaciones revolucionarias del movimiento de masas y provocando la división en sus filas. El instrumento imprescindible es la democracia burguesa: una concesión aparente que permite reconstruir socialmente el aparato del Estado tambaleante por la vía de convocar a nuevas fracciones sociales a su gobierno. Para la que burguesía pudiera reconstruir esa relación con las masas bajo la forma de la soberanía ciudadana, era menester contar con un conjunto de cuadros políticos capaces de la tarea, garantizando los límites de la experiencia. Ningún cuadro mejor que aquel que representaba las esperanzas reformistas de las masas, Perón. Perón es el mayor cuadro político del reformismo argentino, lo que es lo mismo que decir que es la mejor barrera contra la fuerza revolucionaria formada tras el Cordobazo, fuerza de la cual él mismo es, parcialmente, dirección. Por eso su impacto sobre la política nacional no podría haber sido más impresionante. Trelew es, entonces, el punto más alto alcanzado de unidad de las fuerzas revolucionarias hasta el momento y de relación con las masas, en la etapa previa al retorno de Perón. El punto más alto de una línea que se "ameseta" hasta el Devotazo[8] y que entrará, a partir de allí y hasta las jornadas de junio-julio de 1975, en franco declive.

---

[8]Se llama "Devotazo" a la manifestación frente a la cárcel de Devoto que, el día de la asunción de Cámpora, logró la liberación de todos los detenidos allí.

¿Por qué perdimos?

La pregunta alude a un resultado y a un posicionamiento. A un resultado, porque el proceso revolucionario, del cual Trelew es un punto nodal, terminó en un fracaso. La contra-revolución triunfó, con el resultado que todos conocemos. A un posicionamiento, porque esa derrota es nuestra derrota, aún cuando podamos no coincidir con los programas de los agrupamientos que dirigieron a la fuerza revolucionaria en la etapa (algo lógico, entre otras cosas, porque esa fuerza distó de tener un comando unificado).

El análisis de la derrota es una necesidad estratégica, obviamente, pero no ha recibido toda la atención que se merece.[9] Ciertamente, los partidos (o lo que quedó de ellos) han hecho sus balances; no ha faltado tampoco el de los historiadores.[10] Sin embargo, resta todavía un análisis definitivo. No será este el lugar en el que nos propondremos una tarea semejante para la que tal vez no estemos preparados todavía, pero sí el de indicar una serie de problemas que habría que examinar con más detalle: en primer lugar, el problema más general de la crisis de conciencia de la clase obrera argentina; la crisis de la dirección política revolucionaria mundial; las características de la estrategia revolucionaria en la Argentina; la forma en que la burguesía argentina procesa su estrategia y la impone en sus filas.[11]

---

[9]Lo mejor al respecto sigue siendo Marín, Juan Carlos: *Los hechos armados*, CICSO, Bs. As., 1984.

[10]Sobre los balances, véase entre muchos otros, el debate entre Daniel De Santis, Eleuterio Fernández Huidobro y Luis Mattini sobre la experiencia del PRT y Tupamaros. De Santis, Daniel: *Entre Tupas y Perros*, Ediciones ryr, Bs. As., 2009. Del mismo PRT, véase Pozzi, Pablo: *Por las sendas argentinas. El PRT-ERP*, Eudeba, Bs. As., 2001. Un balance de las políticas de la izquierda de la época, en Werner, Ruth y Facundo Aguirre: *Insurgencia obrera en la Argentina. 1969-1976*, IPS, Bs. As., 2007. Un "balance" implícito se encuentra también en "Argentine. Entre populisme et militarisme", número especial de *Les Temps Modernes*, juillet-aout, 1981, n° 420-421. Naturalmente, abundan los textos partidarios, así como también los escritos de sobrevivientes del período. Véase, sólo como ejemplo, Mattini, Luis: *Hombres y mujeres del PRT-ERP*, La Campana, Bs. As., 1995; Santucho, Julio: *Los últimos guevaristas*, Puntosur, Bs. As., 1988; Gasparini, Juan: *Montoneros. Final de cuentas*, De la campana, La Plata, 1999 y Gorriarán Merlo, Enrique: *Memorias*, Planeta, Bs. As., 2003. Obviamente, también hay balances "del otro lado". Véase Díaz Bessone, Ramón Genaro: *Guerra revolucionaria en la Argentina (1959-1978)*, Fraterna, Bs. As., 1986.

[11]Un avance en ese sentido puede verse en AA.VV.: "¿Por qué perdimos?", en *Razón y Revolución* n° 12, verano de 2004, la respuesta en Izaguirre, Inés et al: "Hagamos

Sobre el primer punto, no hay mucho que decir, aunque sí mucho por investigar. El grueso de la clase obrera argentina se mantuvo fiel, hasta un momento muy avanzado del proceso, a la estrategia reformista que corporizaba mejor que nadie Perón. A pesar del gran desarrollo que tuvo la fracción revolucionaria, no pudo superar un estadio incipiente que se desplegó con poca coordinación en el espacio y en el tiempo (cuando la vanguardia obrera de Córdoba y Rosario estaba en su mejor momento, poco se movía en el conurbano bonaerense; cuando el cinturón fabril de Buenos Aires despertó a la lucha a gran escala, el resto del país ya había caído víctima de la represión).

El problema de la dirección política revolucionaria mundial no es tomado en cuenta por los historiadores del período, aunque sí por los protagonistas.[12] El problema del estalinismo y su influencia en la derrota de las fuerzas revolucionarias a lo largo de todo el planeta no debe subestimarse. Tampoco deben subestimarse las limitaciones del maoísmo y el guevarismo para liderar un proceso revolucionario más amplio, en particular, para aportar soluciones estratégicas distintas de la propia.

El de la estrategia adoptada es otro tema objeto de aguda discusión, entonces y hoy, aunque todavía no ha recibido un análisis sistemático. Básicamente, el debate se corta en dos entre los "insurreccionalistas", por un lado, y los partidarios de la "lucha armada", por otro.[13] Indudablemente, los defensores de la segunda opción dominaron la etapa, beneficiados del indudable prestigio que esa estrategia había alcanzado a nivel mundial. La discusión entonces debe centrarse en si esta era la estrategia adecuada a la etapa y a la Argentina. Dicho de otro modo, si una estrategia que presupone la quiebra espacial del poder del Estado y una mayoría de población rural, podía aplicarse a la Argentina de los '70. Por otro lado, debe cuestionarse la viabilidad de un "ejército popular" urbano, que por su propia naturaleza

---

historia. Respuesta a "¿Por qué perdimos?"", en *Razón y Revolución* n° 13, invierno de 2004, y la réplica en AA.VV.: "Hagamos ciencia. Una respuesta fraternal a los compañeros del Proyecto Genocidio en Argentina", en ídem.

[12]Un análisis lúcido y temprano en tal sentido se encuentra en Altamira, Jorge: "Continuidad y vigencia histórica del marxismo leninismo", en *Teoría marxista y estrategia política*, Ediciones Rumbos, Bs. As., 1998.

[13]Se suele olvidar, por la importancia que tuvieron en el período, que además de Montoneros y PRT-ERP existieron muchas organizaciones armadas (GOR, OCPO, FAR, FAP, FAL, etc.) y que fuera de ellas hay una izquierda muy importante que persigue otra estrategia (Política obrera, PST, PCR, etc.).

aleja a los combatientes de la masa del proletariado (a diferencia del rural, que mantiene una relación simbiótica con la masa campesina), justo en el momento en que el partido debe disputar su conducción a la burguesía.

El problema de la estrategia no se agota, sin embargo, en la relación "insurrección"-"fuerza armada", sino que también se extiende a la relación con la dirección dominante en el seno de las masas en el momento. Dicho de otra manera, cómo proceder con el peronismo. Y aquí el gran interrogantes es en qué medida quienes identificaron al peronismo como el canal necesario de la revolución, es decir, las diversas variantes del entrismo hasta Montoneros, no contribuyeron a elevar al verdugo que los derrotaría. Este problema está presente en todos los hechos que protagoniza esta fuerza revolucionaria en todo el período.[14]

Reconociendo todo lo que falta para poder arribar a una respuesta definitiva, podemos abordar el interrogante planteado en este acápite de la siguiente manera: en una coyuntura revolucionaria mundial en la que la clase obrera no fue protagonista (y que, por lo tanto, no podía ofrecer alternativas estratégicas), un proletariado dominado por el reformismo inició una crisis de conciencia que le permitió crear una vanguardia cuya dirección sólo pudo provenir de la pequeña burguesía radicalizada por una experiencia estratégica proveniente del campesinado. Al mismo tiempo, esa dirección se debatía contra la experiencia de su propio origen de clase, marcado por el antagonismo en relación a la clase obrera corporizada por la antinomia peronismo-antiperonismo. Esta última arrimó a buena parte de esa generación a las filas del peronismo de izquierda o a las variantes del entrismo. Durante una etapa, la que comienza a cerrarse con Trelew, todos estos elementos van juntos, facilitando las tareas de los revolucionarios. El GAN y Perón van a penetrar por sus contradicciones, mostrando sus límites.

Sin esa debilidad frente al peronismo y con una estrategia que privilegiara la inserción en las masas, ¿habríamos ganado? Es imposible saberlo, en particular porque una parte de la vanguardia, esa que llamamos "insurreccionalista", tuvo un desarrollo menor en los barrios y en las fábricas, a pesar del

---

[14]Para el "entrismo" de la corriente de Nahuel Moreno, Palabra Obrera, véase Camarero, Hernán: "Una experiencia de la izquierda en el movimiento obrero. El trotskismo frente a la crisis del peronismo y la resistencia de los trabajadores (1954-1957), en *Razón y Revolución* n° 3, invierno de 1997 y Castelo, Fernando: "El entrismo morenista y sus caracterizaciones", en *Razón y Revolución* n° 6, otoño de 2000. Sobre Montoneros y la relación con Perón, Gillespie, Richard: *Soldados de Perón*, Grijalbo, Bs. As., 1987.

privilegio otorgado a estas tareas. Es indudable que en la vanguardia obrera, la "lucha armada" tenía un indudable prestigio. Se ha sostenido que las principales organizaciones armadas no eran sólo eso y que dedicaban muchos esfuerzos a la penetración en las fábricas, lo que es completamente cierto. También se ha dicho que la relación de Montoneros con Perón no tenía nada de ingenua, lo que también es cierto. Pero resulta muy difícil de explicar que mientras se desarrollaba la mayor insurrección obrera de la historia argentina, la huelga general junio-julio, Santucho estuviera en Tucumán preocupado por la guerrilla rural. Algo tan inexplicable como la posición de Montoneros, que llegó a participar de "operativos cívico-militares" con el Ejército, en nombre de la construcción del "socialismo nacional" bajo la dirección de Perón.[15]

Obviamente, si alguien pierde es que alguien gana. La burguesía también tenía sus estrategias y, a diferencia del proletariado, tenía una dirección internacional clara, con una experiencia inmediata en procesos como el argentino. Una burguesía preparada y unificada gracias a la coyuntura que abren el GAN y Perón, con los instrumentos adecuados intactos, tenía todo para vencer.

¿Qué hay detrás de la memoria?

Trelew, salvo para las grandes masas, no requiere ninguna operación de rescate. Forma parte ya de la cultura de la izquierda argentina. Sí exige, sin embargo, una operación de ese tipo en relación a la ciencia y contra la "memoria". "Recordar" se ha vuelto una manía, supuestamente contra el "olvido". Se trata de un slogan repetido hasta el cansancio: "hay que tener memoria". Sin embargo, no es un gran descubrimiento señalar que "memorias" hay muchas, pero verdad una sola, aunque los posmodernos insistan en negarla.[16]

Se ha escrito mucho sobre las "políticas de la memoria" y no es éste el lugar de la crítica exhaustiva a las innumerables aristas que el tema contiene.[17]

---

[15]La experiencia montonera se llamó Operativo Dorrego. Consistió en el trabajo conjunto entre militantes montoneros y efectivos del Ejército en tareas de ayuda a la población bonaerense afectada por las inundaciones. Anzorena, op. cit.

[16]Este tipo de perspectivas suele ser dominante en revistas como *Lucha armada* o *Políticas de la memoria*.

[17]Izaguirre, Inés: "La política de la memoria y la memoria de la política en Argentina", en *Razón y Revolución*, n° 4, otoño de 1998. También Crenzel, op. cit. y da Silva

Sí nos interesa exponer su naturaleza de "dispositivo" en la construcción de la posguerra por la contrarrevolución. Porque lo que comienza con el GAN es el largo camino de la burguesía hacia la recuperación de la hegemonía perdida. La construcción de la hegemonía presupone un momento de máxima violencia, fundante del nuevo orden, pero no se completa si el triunfador no somete al vencido en el plano "moral e intelectual", es decir, si no lo convence de lo equivocado de su acción y de la justicia de su castigo. La gestión de la "memoria" es, entonces, crucial para la culminación del proceso contrarrevolucionario. En esa tarea colaboran incluso intelectuales que se suponen de izquierda y enemigos acérrimos de todo lo que "huela" a "milico".

El mejor ejemplo es un texto que se propone incluso la crítica de la propia historia de la memoria, siguiendo la evolución de los significados del *Nunca más*.[18] Aunque su autor, Emilio Crenzel, es particularmente crítico de su significado original y analiza con lucidez la lucha interna en la CONADEP y las contradicciones entre el Informe y el prólogo que lo presenta, resulta ciego al análisis de clase, terminando en una reivindicación implícita del trabajo de la Comisión sin advertir que, aun en su forma más avanzada, se trata siempre de la presentación que la burguesía ha elaborado del asunto. Crenzel, por ejemplo, señala que el golpe del '76 tiene consenso en la población y enumera los apoyos explícitos de los partidos políticos, de la prensa y de la burocracia sindical. Sin embargo, no parece comprender que lo que describe es un conjunto de instituciones del mundo burgués: los partidos políticos burgueses (lo que no cambia porque se mencione a partidos supuestamente "obreros", como el socialismo y el partido comunista), la burguesía en la clase obrera (la burocracia sindical) o la opinión pública burguesa (los periódicos). Es decir, lo que se describe de semejante manera es el grado de consenso interno en la burguesía que ha conseguido el golpe, la medida en que una fracción de la misma logró acaudillar el proceso contrarrevolucionario e imponer su propio personal político. Cuando se habla de los otros "informes" que jalonan la historia de las denuncias, el autor percibe que su factura es distinta y que la denuncia de las "violaciones" a los derechos humanos en, por ejemplo, el *Proceso a la explotación y la represión en la Argentina*[19], desde su título indica otra forma de encarar el problema: no se reclaman "derechos" fantasmales sino que se condena la represión y esa

---

Catela, Ludmila y Elizabeth Jelin: *Los archivos de la represión: documentos, memoria y verdad*, Siglo XXI, Madrid, 2002.

[18]Nos referimos al texto de Crenzel ya citado.

[19]Op. cit.

condena va acompañada de una denuncia de la explotación capitalista. Sin embargo, no parece darse cuenta de que la diferencia no obedece a un clima de época o a un "cambio cultural" sino a que la clase que "informa" es otra: en el *Proceso a la explotación...* es la clase obrera, en el *Nunca más*, la burguesía. Ese mismo cambio se observa en relación a la naturaleza de la actividad: de la acusación al capitalismo a los "derechos humanos".

Es precisamente la política de derechos humanos la que ha permitido a la burguesía reconstruir la hegemonía perdida reconstruyendo el consenso acerca de la democracia. Transformar los resultados de la guerra civil en violación a los derechos humanos es la forma que asume la estrategia burguesa para sacarse de encima un personal político desgastado, cuya continuidad, tras la guerra de Malvinas, es un peligro para la dominación de clase. Para eso es necesario separarlo del gobierno del Estado, proceso que asume la forma de "transición a la democracia". La burguesía estaba dividida en relación a la forma definitiva de dicha transición: el peronismo, lo que queda de él, es decir el ala "derecha", que ha participado de la represión (a tal punto que su candidato a presidente, Ítalo Lúder es el firmante del decreto de "aniquilación de la guerrilla") se postula como el partido del orden. Hasta tal punto llega su vocación "ordenadora" que se declara dispuesto a aceptar la autoamnistía militar. El ala "democrática" de la burguesía, sorprendentemente encabezada por el radicalismo, apuesta a una salida aparentemente más "radical", proclamando su voluntad de juzgar a las "juntas", haciendo saber que no quiere ir más allá. Es decir, se trata de reemplazar un personal político sin condenarlo (peronismo) o condenándolo pero sin extender dicha condena más allá de las cabezas visibles. Sólo eso le permitió a Alfonsín arrastrar a buena parte de los restos de la fuerza derrotada, sobre todo la que se reorganizó como "organismos de Derechos Humanos". La maniobra le permitió a la burguesía conservar intacto el aparato del Estado, personal administrativo clave de la burocracia central, sistema judicial y fuerzas represivas incluidas, mientras se provocó una nueva división en los restos de la fuerza revolucionaria. Las leyes de Obediencia debida y Punto final cerraron el episodio en lo que a la "burguesía democrática" interesaba. Será Menem el que liquide esta parte de la historia con los indultos. El juicio a las juntas, la CONADEP y el *Nunca más*, no importa sus contradicciones, hicieron posible este resultado.

En efecto, las contradicciones entre la voluntad restrictiva del gobierno alfonsinista (juzgar sólo a las juntas) y el de los miembros más comprometidos de los organismos de DDHH que participaron de la Comisión (juzgar a todos los que formaron parte del aparato represivo), no excluían un punto de partida común, el de clase: la dimensión de los colaboracionistas (los políticos burgueses que participaron del gobierno militar, lo que incluía centenares de radicales y peronistas) y de los beneficiados económicamente (la totalidad de la gran burguesía local y extranjera) no sería objeto de investigación. La dimensión que privilegiaban informes como el *Proceso a la explotación...* o el *Informe sobre Trelew* de la COFAPPEG, que aquí editamos, ha desaparecido.

Crenzel deja ver que esta conclusión del proceso de reconstrucción hegemónica burguesa está implícita en la evolución de las mismas organizaciones de DDHH, lo que es completamente cierto. Pero no acierta a señalar que es la derrota de la fuerza revolucionaria la que deja en sus restos la tarea de lograr algo, al menos el rescate de los que queden vivos, la libertad de los presos, lo que sea. Noble, loable, valiente tarea. De esa situación se aprovecha la burguesía ya en época del Proceso (recuérdese el informe de la OEA, que Crenzel reconoce de mucha influencia en el *Nunca más*) para forzar al movimiento a entrar por las horcas caudinas del imperialismo y su "solución". Por eso varios de los organismos y los intelectuales que apostaron por esta vía se verán de nuevo en la oposición a mitad del Alfonsinismo y continuarán en esa posición durante todo el menemismo. Crenzel mostrará cómo, a raíz del indulto menemista, una sensación de derrota y desmovilización se impondrá sobre los restos de la fuerza vencida, pero no ve, como producto de la ausencia de un análisis de clase, que lo que la sacará de ese estado es la relación que teje con una nueva fuerza social en ascenso, del cual los piqueteros son su emergencia más visible. Este movimiento de DDHH "recargado", que se atreve a reivindicar la lucha de aquella fuerza revolucionaria de la que ahora es la heredera "moral" en la figura de la agrupación H.I.J.O.S., opera la función de traspasarla a la nueva. Pero es el contenido profundamente burgués de la lucha por los DDHH, la despolitización que produce, la que la hace fácilmente captable por un nuevo personal político burgués que tiene ahora otra tarea: reconstruir el Estado frente a una nueva impugnación, la del Argentinazo. El kirchnerismo ha sido construido, en parte, sobre esa base. Si los organismos de derechos humanos quieren dejar de cumplir este rol, necesitan romper con la burguesía y volver a la relación privilegiada con la clase obrera. Sólo así podrían reclamar, con justicia, la herencia de los '70.

En realidad las herederas actuales de organizaciones como el Foro de Buenos Aires o la COFAPPEG son la CORREPI, CEPRODH o APEL. En efecto, las organizaciones de los '70 ligaban su tarea al proceso general de lucha. No se trataba de hacer "memoria" o "justicia", sino de combatir al enemigo, al que sólo podía derrotárselo despojándolo de su poder social. Hoy, reclamar "justicia" y defender al kirchnerismo es lo mismo que reivindicar a los enemigos de clase.

El valor de la ciencia en la lucha del proletariado

Para realizar esa labor de rescate de la que hablamos más arriba, es menester abandonar el terreno de la ideología burguesa, construida para mejor servir a la contra-revolución y recuperar los objetivos reales de aquella fuerza revolucionaria que protagonizó, entre otras cosas, Trelew. Y lo que un análisis científico debe hacer es explicar, no "recordar". Explicar que la única democracia posible en la sociedad capitalista es la democracia burguesa, que no es más que la dictadura (predominio económico y social) de la burguesía bajo otra forma. Que el objetivo de aquella fuerza era el socialismo, es decir, la eliminación de la sociedad de clases. Que cuando se habla de derechos humanos se cae en la trampa de la legalidad burguesa, que no son más que abstracciones frente al monopolio de la violencia por los dueños del capital y que, cuando se lucha contra la represión del Estado capitalista, se batalla por arrancarle ese monopolio a la clase que lo domina. Que no es bajo la forma del individuo y sus "derechos" imaginarios que se logrará nada sino con la organización del partido de los explotados y una perspectiva de clase plasmada en un programa y una estrategia. Que podemos meter presos a todos los responsables directos de las "violaciones", pero mientras la clase dominante siga en su lugar, nada sustantivo habrá cambiado.

En conclusión, no es "memoria" lo que tenemos que hacer con Trelew, sino explicarlo como ejemplo e instrumento: una operación de rescate de prisioneros que, de no ser por un malentendido absurdo, sería considerado hoy una verdadera genialidad militar. Y como la forma en que un grupo de audaces con programa, organización y determinación le infringen una terrible derrota al Estado burgués en su conjunto. Como el *Informe sobre Trelew* deja claro, para los militantes heroicos, la única reivindicación posible es la realización de su programa. Dicho de manera directa: justicia no, socialismo.

La batalla por los héroes
La importancia de la lucha ideológica
en la construcción de la fuerza moral

Rosana López Rodriguez

> No olvido las sombras de los rendidos en el aeropuerto
> (las armas en el suelo
> sonrientes como acabadas de nacer
> con el coraje intacto
> entregadas a un enemigo infame)
> (...) Hermanos queridos
> compañeros presentes para siempre
> asesinados en un cuartel de tinieblas en el sur
> cuando aquí en Buenos Aires
> la incipiente primavera
> abría el sol verde del sueño.
> Hermanos míos
> muertos para que nosotros alcancemos la vida
> oculta en días no nacidos
> corazones abiertos hacia el mar.[1]
> Miguel Ángel Bustos

Qué es un informe

Cuando escuchamos la palabra informe, pensamos inmediatamente en un texto con ciertas características formales y estéticas. A partir de las investigaciones y teorías desarrolladas por el Círculo Lingüístico de Praga, no solamente la lingüística y la narratología, sino también las teorías de la

---

[1]Fragmentos del poema "Sangre de agosto", publicado por primera vez en *Nuevo Hombre*, n° 46, agosto de 1973 y reeditado en la obra poética completa, *Visión de los hijos del mal*, Argonauta, Buenos Aires, 2008.

comunicación experimentaron su última gran transformación. Uno de los fundadores de ese grupo (y su representante más significativo para la historia de estas disciplinas) fue Roman Jakobson, quien completó el modelo del circuito de la comunicación de Karl Bühler, llevándolo a la interrelación entre seis elementos, cada uno de los cuales está relacionado con una función del lenguaje. Cada vez que se pone en juego la comunicación están presentes todos los elementos y también, por lo tanto, todas las funciones, aunque siempre hay una que es la predominante. Esa función, la más importante, se reconoce fundamentalmente por los recursos y las características del discurso que elige el emisor a los efectos de lograr su propósito. Vale decir que, según la intención del que produce el discurso, se elaboran las estrategias que determinarán cuál es la función predominante. Cuando la intención del emisor es presentar datos o dar a conocer un episodio, histórico o reciente, la función más importante allí es la que se conoce con el nombre de *informativa* o *referencial*, ya que el elemento clave es el referente: no interesa la opinión o los sentimientos que despiertan en el emisor aquello de lo que habla. De allí que sea éste un discurso fundamentalmente *objetivo*. Una objetividad que, a nuestro juicio, debe significar "apego a la verdad", el respeto por la condición desplegada por el *objeto* a explicar, antes que empirismo superficial, desapego o distanciamiento. El tipo de lenguaje utilizado será, primordialmente, no connotativo, es decir, se evitarán ambigüedades, plurisemias o recursos que impliquen desplazamientos en los significados, como por ejemplo, el uso de metáforas. Aun cuando no constituya la intención fundamental del emisor prever las acciones que el receptor pueda llevar a cabo con la información que obtenga, se deduce que, siendo el conocimiento la intención del receptor de esta situación comunicativa, hay en su posición de búsqueda, una finalidad: alguien quiere aprender algo para poder hacer algo con ello después.

Un informe es, entonces, un tipo textual en el cual el emisor da cuenta de los avances realizados en una investigación o proyecto. Debe ser claro, preciso y ordenado, para que el objeto o problema analizado pueda ser aprehendido sin dificultad. El orden consiste normalmente en la estructura clásica de una introducción en la cual se presenta el tema y las hipótesis, un desarrollo que aportará las pruebas si se trata de una investigación o los detalles si es una noticia y por último, un cierre en el cual se presentan las conclusiones a modo de demostración de la hipótesis. También en el final pueden exponerse nuevas preguntas o dificultades que la investigación pudo haber puesto en evidencia. En un informe predomina, precisamente, la función referencial. Veamos, entonces, a santo de qué viene este asunto del "informe".

Los informes de *Barrilete*

El barrilete[2] fue una de las experiencias colectivas que condensó la evolución artística y política de un grupo de poetas en las décadas del '60 y '70. El primer número apareció en agosto de 1963; el responsable de la edición era el poeta Roberto Jorge Santoro; su madre, Emilia, la secretaria de redacción. El grupo fue variando y ampliándose a lo largo de su historia, pero la intención original no cambió nunca sino que fue adquiriendo con el tiempo, y cada vez más, un giro militante, revolucionario. "*Barrilete* era sacar la poesía a la calle, creo que Patiño fue quien acuñó la frase. Pero eso era. Era poner la poesía en la vereda, la poesía en el bolsillo del trabajador", dice en una entrevista Leopoldo Juan González, poeta, militante del PRT y del FATRAC y miembro del grupo. Dado que una de las reglas que tenían era la de no autopublicarse (salvo contadas excepciones), el grupo se reunía en torno a las propuestas de publicación que ellos mismos acercaban: otros poetas, temas y producciones. Otro de los integrantes de *Barrilete*, Carlos Patiño, cuenta que se hacían recitales, lecturas en sociedades de fomento, fábricas, etc., y que la aprobación de los poemas que se iban a publicar era discutida colectivamente. Con un dejo humorístico, Patiño confiesa que en los tres primeros Informes, sus poemas no fueron aceptados. "Una decisión lógica", pues él escribía en la línea de Rilke, de Hesse, de *El lobo estepario*: "Que se me produjera un cambio en el bocho costaba mucho trabajo. Y después, para que eso te baje a la mano tiene que venir todo un proceso, una crisis ideológica."[3] Y esa crisis ideológica llegó. Veamos cómo.

Los primeros cinco números se publicaron en 1963 (agosto, setiembre, octubre, noviembre y diciembre), dirigidos por el poeta con la colaboración de su madre, Emilia de Santoro. Ocho páginas sin numerar que comenzaron a crecer a partir del número 5. En ese momento los responsables firmantes de la nota editorial "Aflojale que colea", son Daniel Barros, Gerardo Berensztein, Martín Campos, Oscar Castelo, Oscar Grillo, Tito Lencioni,

---

[2] El título de la publicación perdió el artículo recién en el número 6. Nosotros usaremos esta última denominación.

[3] Patiño, Carlos: "Barrilete revolucionario", *El Aromo*, n° 21, julio 2005, p. 14. Consúltese en: http://www.razonyrevolucion.org.ar/textos/claromo/secciones/culturaeizquierda/Aromo21julioBarrileteRevolucionario.pdf.

Miguel Ángel Páez, Armando Piratte, Ramón Plaza, Rodolfo Ramírez, Miguel Ángel Rozzisi, Jorge Rutman, Horacio Salas, Roberto Santoro, Marcos Silber, Oscar Smoje, Rafael Alberto Vásquez y Atilio Luis Viglino. Con apenas unos cambios en los nombres, aparece el número 6 en febrero de 1964; ya es *Barrilete* y Emilia de Santoro deja la secretaría. Las páginas están numeradas y son veinte. Veinticuatro páginas para el número 7, de marzo-abril de 1964. Ese mismo año habrá visto la salida de los números 8 (julio-agosto) y 9/10 (octubre-diciembre). Éste último ya tiene 36 páginas. Al año siguiente publicaron un solo número, el 11. En el '66 el 12 (agosto-septiembre) no cuenta con la presencia de Santoro en su comité editorial. Aparecen ahora sólo cuatro directores: Alberto Costa, Carlos Patiño, Felipe Reisin y Rafael Vásquez. El número 13 es de diciembre de 1967. En octubre de 1968 se publica el número 1, año V, segunda época, ambos a cargo de Costa y Patiño. Santoro no reaparecerá sino en el último número de la publicación, en 1974, la del año XII, número 1, lo que pareciera indicar una "tercera" época. Esta vez no tiene el formato de revista, sino que es un sobre con folletos y páginas sueltas.

La experiencia *Barrilete* fue más allá de la revista. A partir de 1963 Santoro había comenzado a publicar los "informes": cuadernillos de poemas en los que los poetas de *Barrilete* escribían sobre un tema determinado. Cuando un hecho histórico los golpeaba y necesitaban sentar posición ante ese episodio a través de su arte, se lanzaba la consigna y los poetas intervenían allí con sus producciones. Surgieron así el *Informe sobre Lavorante*[4] (junio de 1963), el *Informe sobre el desocupado* (agosto de 1963), el *Informe sobre la esperanza* (octubre de 1963), el *Informe sobre Discépolo*, el *Informe sobre Santo Domingo*[5] y el *Informe sobre el país*. Según Rafael Vásquez éste sería el último informe, del año 1966. Decimos "sería" porque el mismo Vásquez señala que hubo otro, aunque con características muy especiales: "en 1974, una anunciada visita del dictador chileno general Pinochet a Buenos Aires (...) hizo que el grupo participara en un peculiar 'informe' que no llegó a publicarse en cuadernillo: se fotocopiaron volantes sueltos con los poemas de repudio de cada uno,

---

[4]Alejandro Lavorante, boxeador mendocino que hizo su carrera en EE.UU., quedó en estado de coma a raíz de un knock out. Fue trasladado a la Argentina, donde falleció tiempo después.

[5]Fue escrito cuando, bajo la presidencia de Lyndon Johnson, las tropas norteamericanas invadieron la República Dominicana el 25 de abril de 1965, con la advertencia de que EE.UU. no habría de permitir otra Cuba en el continente. Tuvo una tirada de 4 mil ejemplares.

que los mismos poetas repartimos en algunos barrios de la ciudad, completando la entrega, hacia la noche, en un acto público que se había convocado en la cancha del club Atlanta, en Villa Crespo."[6] Efectivamente, esos poemas no fueron editados, sino impresos como volantes; las declaraciones de los miembros de *Barrilete* son coincidentes: Alberto Costa señala lo mismo que Vásquez. En los primeros informes, la línea política que comienza a desplegarse es la del antiimperialismo. Lavorante es todo un símbolo: el argentino que EE.UU. nos devolvió como un "saldo de exportación" (Ramón Plaza) o como "un paquete postal para Rosario" (Martín Campos). La invasión a Santo Domingo, menos elípticamente, es otra de las intervenciones que señalan el inicio del recorrido político de algunos de los miembros de la revista y de su responsable, Roberto Santoro.

Pero todavía faltaba otro *Informe*. Un documento que, según el testimonio de Carlos Patiño, miembro de la última etapa de *Barrilete*, apenas la tirada fue distribuida, fue secuestrada de los quioscos por orden de la Triple A[7]. Leopoldo González confirma la existencia del informe, así como también que no pudo ser vendido puesto que, además, todos los integrantes de *Barrilete* ya estaban amenazados por la banda fascista. Este documento, el más difícil de conseguir, es el *Informe sobre Trelew*, cuya fecha de publicación es el 22 de agosto de 1974, segundo aniversario de la masacre. Carlos Patiño lo recuerda de la siguiente manera:

"El último *Informe* del grupo Barrilete fue el *Informe sobre Trelew*, desde luego aludiendo a los fríos y cobardes asesinatos de guerrilleros producidos en la base militar de esa localidad. Recuerdo perfectamente al Toto Santoro proponiendo que esta vez no hiciéramos lo de siempre, sino algo distinto: una especie de sobre grande de donde el lector pudiera ir sacando cosas: poemas, dibujos, grabados, notas, etc. Explicaba su idea actuando la fruición con que un niño sacaría cosas inesperadas y maravillosas de una inesperada y maravillosa galera. Lo estoy viendo...

Así se hizo este *Informe*. Por desgracia, una de las cosas que salieron de esa galera fue la persecución, la prohibición definitiva del grupo y de la revista *Barrilete*, además de la muerte para varios de sus participantes. Nosotros no ignorábamos el riesgo que significaba publicar ese Informe. La Triple A de López Rega nos tenía en

---

6Vásquez, op. cit., p. 10.

7"Y la Triple A publicó una solicitada a todo tamaño condenándonos a muerte, uno por uno, con todos los nombres. En todos los diarios. A todos los que estaban en el informe... Y a varios los mataron, a Enrique Coureau, a Santoro, al japonés Higa... A gente cercana a *Barrilete* o de *Barrilete*." Entrevista citada a Carlos Patiño en *El Aromo*.

la mira; había sacado una solicitada a toda página en los principales diarios "denunciando" a *Barrilete* como subversivo, incluyendo los nombres de todos los poetas del grupo, incluso de quienes ya se habían ido, como por ejemplo Miguel Angel Bustos, poeta místico que no compartía la idea de mezclar poesía y política y por eso dejó el grupo. Pero que se mezclan inevitablemente, lo prueba el propio e infortunado Miguel Angel Bustos, desaparecido por la dictadura militar, que no reparaba en estas sutiles distinciones. Pero el *Informe sobre Trelew* era tal vez el informe más necesario. Lo prueba el hecho de que en ese informe participó la mayor cantidad de poetas, escritores, pintores y periodistas, incluso no pertenecientes al grupo, de toda su historia. Hoy es prácticamente inhallable."[8]

Sabiendo que en algún lugar, alguien debía haber conservado un ejemplar al menos, buscamos y buscamos. La búsqueda rindió sus frutos y la decisión de comprarlo vino de la mano de la decisión de la publicación: no podía seguir durmiendo en una librería anticuaria uno de los testimonios cruciales en la lucha ideológica de nuestro pasado. Si queremos hoy retomar esas tareas, debemos partir del conocimiento de los que nos precedieron.

Roberto Santoro y el Frente de Trabajadores de la Cultura

"Paco lo dijo una vez: 'Yo empuñé las armas porque busco la palabra justa.' Eran hombres que supieron aunar todo: no consideraban la escritura como fenómeno al margen de la vida de su pueblo ni la vida de su pueblo al margen de su literatura. Y no estoy hablando de novatos, sino de hombres de gran calidad literaria que con su ejemplo cuestionan toda una actitud política obrerista que ciertas dirigencias revolucionarias –en el poder o no– suelen tener frente a los intelectuales. Digamos la verdad, escritores del nivel de Rodolfo Walsh no hay muchos en América Latina o en lengua española, ni muchos Paco Urondo ni muchos Haroldo Conti."[9]

Roberto Santoro nació en Buenos Aires en 1939. Llevó adelante su vida de trabajador desempeñando las más diversas ocupaciones, pese a lo cual se transformó en uno de los poetas más notables de su generación. Ni el puesto del mercado ni la preceptoría le impidieron desarrollar un proyecto creativo que comenzó bastante antes de la publicación de su primera obra, *Oficio desesperado*, en 1962, y que ya al año siguiente comenzó a desarrollarse

---

[8]Puede consultarse el texto completo en http://www.elmurocultural.com/columnistas/cpatinio02.html.

[9]Entrevista a Juan Gelman, "Acerca de escritura y militancia. Walsh, Urondo, Conti.", en http://isla_negra.zoomblog.com/archivo/2009/01/29/.

colectivamente. En 1963 se inició, como hemos dicho, la publicación de *Barrilete*. La producción colectiva motorizada por Santoro recién comenzaba. Después, en 1966, vendría *Gente de Buenos Aires*, grupo conformado por Santoro, el pintor Pedro Gaeta, el músico Eduardo Rovira y otro poeta, Luis Luchi. Juntos editaron carpetas con poemas y dibujos, discos, hicieron recitales de música y de poesía, realizaron lecturas públicas en fábricas, sociedades de fomento, teatros y universidades. Este tipo de actividades ya las venía realizando con el grupo Barrilete: "lectura con debates posteriores en las escuelas, sociedades de fomento, teatros, facultades, clubes, cines (...), armaba exposiciones de poemas ilustrados (...), distribuía él mismo la revista en kioscos y librerías y la vendía en la puerta de los cines, de las facultades y del estadio Luna Park (allí lo hicieron aprovechando el acto sobre la enseñanza libre-laica el 13 de agosto de 1964)."[10] Con el sello editorial de *Papeles de Buenos Aires*, vio la luz el último libro publicado por Santoro: *No negociable*.

También fue colaborador de otras publicaciones, en especial del periódico de Vedia, provincia de Buenos Aires, *Alberdi*, en el cual aparecieron obras de importantes poetas de la época.[11] Por medio de esa publicación conocerá a Dardo Dorronzoro, también desaparecido, primero a través de la lectura, tiempo después, personalmente.

La primera intervención política pública de Roberto Santoro se llevó a cabo con un encendido discurso en el acto de la Alianza Nacional de Intelectuales, el 10 de abril de 1964. Es precisamente en ese momento en el que Santoro hizo un llamado explícito a la militancia sindical. Esta convocatoria aparece tanto en ese discurso como en las páginas de *Barrilete*: los escritores eran llamados a ganar la SADE para los trabajadores de la pluma. Es por eso que Santoro integró distintas listas que participaron tres veces en las elecciones del sindicato; la primera, en 1965, la última, en 1973. No ganaron, pero el poeta entendió que ya eran tiempos de otra forma de militancia: el PRT ya lo contaba entre sus filas.

El 3 de junio de 1976 Roberto Santoro escribió una carta dirigida a la Confederación de Escritores Latinoamericanos, con sede en México, para

---

[10]Garrido, Lilian: "Prólogo", en *Literatura de la pelota*, LEA, Bs. As., 2007, p. 12. Las lecturas de los poetas de *Barrilete* son descriptas por Carlos Patiño en el texto ya citado: "(...) hicimos varias lecturas de poemas en las universidades. Recuerdo una de las más lindas, de las más llenas, de las más quilomberas, fue en la UBA, en la clase de Vicente Zito Lema."

[11]Dalter, Eduardo: "El periódico *Alberdi* (1923-1976) y sus poetas", en *Razón y Revolución* n° 10, primavera de 2002, pp. 25-38.

denunciar y difundir la desaparición de personas. Allí menciona el arresto del director del periódico *Alberdi* y el secuestro de Haroldo Conti y Alberto Costa, entre otros periodistas y escritores. Denuncia también la golpiza a que fue sometido Enrique Llamas de Madariaga (*La Razón*) y el secuestro y asesinato del periodista y ex senador uruguayo Zelmar Michelini. El 1° de junio de 1977, mientras las clases del turno noche en la Escuela Nacional de Educación Técnica n° 25 del barrio de Once se desarrollaban con normalidad, tres hombres se acercaron preguntando por uno de los preceptores, Roberto Santoro. Uno de ellos dijo ser hermano de un alumno. Cuando el buscado se presentó, los desconocidos lo redujeron por la fuerza esgrimiendo armas de fuego. En medio de los gritos y la desesperación de los presentes, se lo llevaron.

Santoro integró diversos frentes, algunos ligados al PRT; otros, como la AGE (Agrupación Gremial de Escritores), no. Estuvo también en el FAS (Frente Antiimperialista por el Socialismo) junto a Haroldo Conti y Humberto Costantini.[12] Según declaraciones de Luis Mattini, los tres formaban parte de la misma célula del PRT.[13] Según lo que hemos visto en el *Informe sobre Trelew*, integró un Frente de Trabajadores de la Cultura, cuya vinculación con el conocido FATRAC resulta difícil de establecer. En efecto, dos problemas se plantean sobre el FATRAC. Uno es la naturaleza de su intervención política. Otro, hasta dónde llega y cómo termina.

El Frente Antiimperialista de Trabajadores de la Cultura fue una organización de intelectuales y artistas vinculada al PRT, que presentaba, a diferencia del resto de las agrupaciones revolucionarias, un programa de intervención específica en el ámbito artístico. Los integrantes más conocidos de ese frente fueron el sociólogo Daniel Hopen y el periodista y escritor Nicolás Casullo. Surgió en 1968, en Rosario y tuvo su primera acción pública en ocasión de la convocatoria del premio Braque, en la cual la embajada francesa había incorporado una cláusula de censura de las obras. Los artistas reaccionaron y no solamente se negaron a participar, sino que también hicieron públicas cartas de repudio al hecho, interpretándolo como un acto de "imperialismo cultural". En ese contexto, el FATRAC apoyó el boicot con volantes y, cuando los artistas que estaban manifestando contra el Premio fueron reprimidos y detenidos, presentó un comunicado de prensa en el

---

[12]*Crisis*, n° 42, 16 agosto de 1974.

[13]Véase Redondo, Nilda; *Haroldo Conti y el PRT. Arte y subversión*, Amerindia, Santa Rosa, 2004, p. 55. También Leopoldo González nos ha proporcionado este mismo dato.

cual exponían su solidaridad con los detenidos. También, en una nota publicada en *El Combatiente*, no sólo se defiendió la valiente posición de los artistas, a quienes consideran "vanguardia antiimperialista", sino que llamaron a la CGT de los Argentinos a apoyar y defender a los detenidos. Los artistas en cuestión, que ya venían estableciendo un acercamiento con la CGTA y que inclusive estaban siendo defendidos por los abogados sindicales, consideraron que podría verse perjudicada su situación y tomaron distancia del FATRAC: según Longoni, se produjo "una pugna (...) entre dos lógicas distintas: la de la vanguardia artística –que se politiza- y la de la vanguardia política que intenta una política hacia la cultura."

Un nuevo cortocircuito va a producirse entre estos artistas y el FATRAC mientras se preparaba la presentación de *Tucumán Arde*, experiencia artística inaugurada a comienzos de noviembre de 1968 en el edificio de la CGTA de Rosario y trasladada a Buenos Aires a fines de mes, ahora en el edificio de la CGTA nacional.[14] Para Longoni la causa del nuevo enfrentamiento entre ambos grupos es metodológica: para los de *Tucumán Arde* los métodos de los militantes del PRT eran demasiado violentos para considerar la posibilidad de realizar un trabajo común. Dado que "su presencia fue interpretada por algunos artistas como un intento de 'copar' la obra, de manipularla", fueron expulsados de la realización de Tucumán Arde. "De alguna manera", concluye la autora, "la política (o, mejor, la modalidad de intervención que sostenía el FATRAC) se tornó en una definitiva divisoria de aguas."

La autora de la nota hace suya la interpretación que uno de los artistas rosarinos, Juan Pablo Renzi, hizo de los hechos que llevaron a la fractura con el Frente: "afirmamos nuestra independencia de los movimientos políticos concretos, aun cuando alguno de nosotros pudiera coincidir con sectores o partidos." Lo cierto es que, a despecho de la negación de Renzi, otra participante de Tucumán Arde señala que:

---

[14] "Tucumán Arde es una puesta en escena de las luchas obreras populares en contra de la aplicación del llamado Operativo Tucumán, que impulsa el gobierno nacional, dentro de la política de reconversión industrial de la provincia. Implica el cierre de más de una decena de ingenios azucareros y la pérdida de fuentes de trabajo. En la muestra se utiliza una amplia variedad de soportes visuales y audiovisuales: fotos, afiches, carteles, posters, testimonios grabados, gráficos, murales, etcétera, donde se denuncia la vinculación de los dueños de los ingenios con el capital finaciero internacional." Balvé, Beatriz: "¿La fusión del arte y la política o su ruptura?. El caso de Tucumán Arde: Argentina 1968", en *Razón y revolución* nº 7, verano de 2001.

"En 1968, este grupo de artistas consustanciados con el Programa del 1º de mayo de la CGT de los Argentinos que liderara Raimundo Ongaro, decide sumarse al proyecto político cultural de esta central obrera y constituye una comisión, bajo el nombre de Comisión de Agitación y Propaganda. (...) Bajo estas condiciones se funda el Grupo de Artistas Argentinos de Vanguardia (...). Paralelamente, el colectivo con asiento en Buenos Aires comienza a actuar en el seno de la CGTA, en la comisión de cultura, promoviendo la creación de una obra que denuncie los problemas que aquejan a la clase obrera en Tucumán."[15]

Es decir, más allá de las afirmaciones de Renzi (y de las de Longoni) los artistas de *Tucumán Arde* tenían un programa, el del peronismo de izquierda que representaba la CGTA.

Durante el mismo año, los sociólogos del FATRAC volverán a enfrentarse con el grupo de artistas de Tucumán Arde, al denunciar que el Proyecto Marginalidad[16], radicado en el Instituto Di Tella y dirigido por José Nun, en el que participaban Juan Carlos Marín, Beba Balvé, Miguel Murmis y Ernesto Laclau, entre otros, era una forma de aceptar la penetración imperialista, en razón de que el proyecto estaba financiado por la Fundación Ford. Si bien los denunciados no pertenecían al grupo que había protagonizado Tucumán Arde, es cierto que había entre ambos una relación simbiótica, en un campo más amplio que incluía otras expresiones políticas y estéticas. Longoni pretende que es la intromisión de lo político partidario, de la mano del FATRAC, lo que da por tierra con las experiencias que durante todo el año 1968 van delineando la posibilidad de una relación fructífera entre arte y política. No ve que, detrás de cada grupo de artistas hay, explícita o implícitamente, programas políticos que se disputan el espacio abierto por la crisis de conciencia en marcha.

Según Casullo, la política cultural que se propuso el FATRAC tenía como objetivo tomar distancia, por un lado, de la división burocrática de tareas que planteaba el PC: los militantes artistas eran convocados para eventos especiales, en los cuales participaban con su disciplina; cuando el evento finalizaba, volvían a ser militantes del PC que, además, eran artistas. Por otro lado, querían escapar al mandato de proletarización y, consecuentemente, al abandono de la producción artística e intelectual. De allí que se propusieran producir un arte (y una ciencia) que fueran a la vez revolucionarias.

---

[15]Balvé, op. cit., pp. 3, 13-14.

[16]"Su objeto de estudio eran las nuevas formas de marginación social en América Latina.", en Longoni, Ana: "El FATRAC, frente cultural del PRT/ERP", en *Lucha Armada* nº 4, 2005.

Estos intelectuales, que expresaban una crisis de conciencia más general en el campo de la burguesía y la pequeña burguesía, se encontraban en tensión frente al prejuicio por su origen de clase y la actividad que desarrollaban, de un lado, y la necesidad de producir un arte y una ciencia que fueran herramientas en la lucha ideológica del programa revolucionario, del otro. Esa tensión permanente, se transforma hoy en la negación de la posibilidad de la fusión del arte y la revolución. En efecto, cuando Longoni concluye que la fusión entre vanguardia artística y vanguardia política es inestable y precaria, se deja arrastrar por esos prejuicios:

"El punto es pensar cuánto de ese rico legado se recupera en el pasaje a la acción. En ese sentido, no parece errado afirmar que en esta coyuntura los intentos por conjugar vanguardia artística y vanguardia política quedaron sujetos mayormente a la lógica (de las urgencias) de la política. Por cierto, el FATRAC no escapó a su tiempo."[17]

El FATRAC, entonces, habría sido, según Longoni, la expresión de la incapacidad de la izquierda partidaria para entender los requerimientos propios del mundo artístico. Sin embargo, podemos interpretarlo de otra manera: como un actor imprescindible en la crisis de conciencia necesaria de los artistas de origen burgués o pequeño burgués. Será, precisamente, gracias a esa crisis que muchos de ellos terminarán en las filas de las organizaciones revolucionarias en lugar de reivindicar el mito burgués de la "libertad" del artista o, en el mejor de los casos, el del "compromiso" del intelectual "crítico". Es decir, un momento en la construcción de los intelectuales orgánicos del proletariado. Esta conclusión queda velada cuando se transforma un proceso de lucha política en el campo estético en una simple cuestión de método o de "tiempos" y "urgencias".

Longoni cree que "hay una vanguardia artística que se politiza y una vanguardia política que intenta una política cultural". Ninguna de las dos afirmaciones es correcta. En primer lugar, considerar que los artistas que constituyen una vanguardia en términos estéticos, formales, se "politizan", es creer que es posible desarrollar una actividad intelectual sin que ello implique acción política alguna. A la inversa, creer que una vanguardia política no

---

[17]Longoni, op. cit. Más información sobre los hechos aquí descriptos, así como documentos y entrevistas, puede verse en Longoni, Ana y Mariano Mestman: *Del Di Tella a "Tucumán Arde". Vanguardia artística y política en el '68 argentino*, El cielo por asalto, Bs. As., 2000.

tiene siempre implícita una política cultural es desconocer las formas en que se traducen los programas en la vida real.

Como dijimos más arriba, más allá de la naturaleza de la intervención política del FATRAC, está el problema de su relación con el FTC. El FATRAC desarrolló su actividad en Rosario y también en Buenos Aires, al menos hasta 1971, fecha de la que data el último documento, según la investigación realizada por Longoni. El FATRAC habría sido disuelto por problemas internos del PRT. Sin embargo, parece resurgir algunos años después como el FTC que trabaja en el *Informe*.

En efecto, el *Informe sobre Trelew* fue publicado por la Comisión Familiares Presos Políticos Estudiantiles y Gremiales (COFAPPEG). Además, tal como leemos en el colofón, "colaboraron en este homenaje a los HEROES DE TRELEW el grupo BARRILETE y el FRENTE DE TRABAJADORES DE LA CULTURA". Tanto la COFAPPEG como el Frente de Trabajadores de la Cultura pertenecían al PRT, mientras que el grupo Barrilete estaba dirigido por Santoro, militante del partido. Pero este FTC no parece ser exactamente el FATRAC, aunque haya indicios para pensar en cierta continuidad. En una entrevista de Néstor Kohan a Enrique Gorriarán Merlo se refirió en estos términos a la preocupación del partido por la lucha cultural:

"Existió el Frente de Trabajadores de la Cultura (FTC), que aglutinaba a los trabajadores de la cultura, a los artistas y a los intelectuales. El FTC se creó y funcionó desde el comienzo. El ERP se fundó en junio de 1970 y ya desde ese momento comenzó a funcionar el Frente de Trabajadores de la Cultura. Varios de estos compañeros, que formaban parte del FTC, integrarán después el Frente Antiimperialista por el Socialismo (FAS) que, mostrando una gran capacidad de movilización, realizó varios congresos masivos, cinco en total."[18]

Aunque Longoni da por terminadas las acciones del FATRAC en 1971, el PRT debió haber mantenido la continuidad en la política de frente cultural; prueba de ello es el *Informe sobre Trelew*. No podemos asegurar si este nuevo frente es el anterior, con un cambio de nombre apenas o si hay un bache temporal entre el '71 y la formación del nuevo, con una política diferente. Aunque según las declaraciones de Gorriarán, el FTC bien pudo haber sido una segunda versión del FATRAC en la que se produce un cambio de personal: allí donde estaban Hopen y Casullo, encontraremos ahora a Conti,

---

[18]La entrevista completa puede consultarse en http://www.elortiba.org/gmerlo.html.

Constantini y Santoro. Lo que sí es cierto es la continuidad de la decisión del PRT de construir un frente intelectual, tan tempranamente como en el '68 (con anterioridad al Cordobazo) y tan "tardíamente" como en el '74.

El *Informe sobre Trelew*

> Pero nadie puede creer en el balbuceo de los que mienten;
> a nadie convence tanta cháchara vestida de uniforme.
> ¿Cómo habrían de fugar los que no tenían armas?; ¿cómo habrían de
> atacar los que entregaron sus armas y habían pactado rendición?
> La trabajosa mentira no rinde utilidad a los comandantes; la presurosa
> mano de la censura no alcanza para tapar las manchas de sangre.
>
> *Informe sobre Trelew*

Como hemos visto, los Informes de *Barrilete* no responden a la caracterización que se espera de un texto informativo. Buscan deliberadamente la connotación (pues están constituidos por poemas) y no responden a una estructura fija, violentando con ello las características formales: son informes que no tienen "forma" de "informes". Si la expectativa del lector al enfrentar un informe es restringida y superficial, no podrá considerar siquiera que estos cuadernillos constituyan un informe. Ni que hablar si interpreta "objetividad" como "distanciamiento", en vez de "apego a la verdad". En este sentido, los informes de Barrilete son documentos que no pretenden "objetividad" en sentido lato, sino que expresan la voluntad de verdad de sus participantes. Voluntad de verdad que no es más fuerte ni mejor cuanto menos se involucre política e ideológicamente el emisor, sino que, por el contrario, cobra su verdadero valor de verdad cuanto más conciente sea. De allí que en estos informes no hay un predominio ostensible del *referente* por sobre los otros elementos del circuito, ya que la conciencia del *emisor* se exhibe claramente. El mensaje *poético* confluye entonces con la necesidad de dar a conocer un hecho y con la voluntad de acción política. De ese modo, resulta en una apelación a la conciencia y a la acción del *lector*. ¿Función poética, informativa, apelativa o expresiva? Todas a la vez. ¿Predominio del placer estético, del conocimiento, del llamado a la acción o de la representación de sentimientos? Todo simultáneamente. Porque los artistas militantes no separan lo que sienten de lo que piensan y de lo que hacen.

Pero este *Informe sobre Trelew* es diferente a todos los informes anteriores publicados por *Barrilete*. Vamos a encontrar aquí mucho más que poemas. Podemos considerar la presencia de cinco tipos textuales: los poemas, los documentos (fotos, recortes periodísticos, entrevistas, versiones de testimonios orales, biografías), las consignas, los homenajes y obras de artistas plásticos (reproducciones, collages). La transformación con relación a los informes anteriores se operó en la multiplicidad de elementos presentes en éste, pero también en la radicalización de la posición política. Del antiimperialismo o la política de lo nacional y popular de los comienzos (uno de los informes de *Barrilete* está dedicado a Enrique Santos Discépolo), pasamos a un frente de artistas (no solamente poetas) que encarnan un programa revolucionario. Beatriz Balvé caracteriza de esta manera el arte revolucionario:

"El arte revolucionario nace de una toma de conciencia de la realidad actual del artista como individuo dentro del contexto social y político que lo abarca. El arte revolucionario propone el hecho estético como núcleo donde se integran y unifican todos los elementos que conforman la realidad humana: económicos, políticos, sociales, como una integración de los aportes de las distintas disciplinas, eliminando la separación entre artistas, intelectuales y técnicos como una acción unitaria de todos ellos dirigida a modificar la totalidad de la estructura social, es decir un arte total."[19]

Comenzábamos este prólogo explicando sucintamente qué es un informe y cuál es la intención del emisor cuando produce un texto informativo. Detrás del mismo siempre hay una investigación a los efectos de develar una verdad. La gente debía conocer que la prensa burguesa, la de la dictadura de Lanusse, pretendía engañarlos. La masacre tendría, según esta versión, un justificativo: los "extremistas" murieron como consecuencia del enfrentamiento, ya que nuevamente habrían intentado fugarse. Varios textos operan por antinomias, por oposiciones: el "Informe oficial" aparece confrontado con el texto que aparece como epígrafe de este apartado; un foto-montaje con los militares que "explican" lo sucedido frente a un panel que dibuja los cuerpos muertos; el discurso del capitán de navío Horacio Mayorga, "el gorila que invocó a Dios", hablando de deberes bien cumplidos y de falta de culpas, pero animalizado y presentado como responsable por el copete. Un "Proyecto de resolución" cajoneado que debiera haber investigado la comisión de "asesinatos, secuestros y torturas contra militantes populares" y los comunicados de Télam que, al igual que el collage con titulares de diarios, hablan de nuevo de intento de fuga, de enfrentamiento, de tiroteo, expresan la versión oficial de la masacre enfrentada a la conferencia de prensa de

---

[19]Balvé, op. cit.

Pujadas, Bonet y Berger, acompañada por foto. Y por supuesto, en oposición flagrante con los testimonios de los sobrevivientes, María Antonia Berger, Alberto Miguel Camps y Roberto René Haidar. Cabe recordar que para el primer aniversario de la masacre, se había publicado *La patria fusilada*, la entrevista que Francisco "Paco" Urondo realizara a los tres sobrevivientes, cuando tanto el entrevistador como los entrevistados estaban presos en la cárcel de Devoto en 1973.[20]

También en el '73, Raimundo Gleyzer había presentado un mediometraje, *Ni olvido ni perdón: 1972, la masacre de Trelew*, cuya primera mitad está construida con los mismos elementos que aparecen en en *Informe*: consignas, fotos, planos explicativos y, fundamentalmente, la entrevista a Pujadas, Bonet y Berger en el aeropuerto, el "testamento político de los héroes".

Todas las intervenciones plásticas del informe colaboran para la explicación de lo sucedido: los militares como animales (gorilas, connotativamente "antiperonista" y por extensión, "antipopular"), la ley del embudo (o del engaño). Lo mismo que el documento conjunto de ERP, FAR y Montoneros del 25 de agosto: la "respuesta adecuada" ante el engaño, la represión y la miseria es el "ejército del pueblo oprimido". Aunque cuando se publica el *Informe*, en agosto de 1974, ya no hubiera una dictadura, la esperanza que al menos Montoneros había cifrado en el gobierno popular de Cámpora ya se había desvanecido y Perón ya había dejado bien claro hacia qué lado se inclinaba la balanza del bonapartismo. Silvio Frondizi lo expresa claramente: la guerra es contra el sistema capitalista, más allá de los gobiernos de turno. En este sentido, Perón no es distinto de Lanusse, "porque la realidad actual no difiere mayormente de la imperante bajo la dictadura militar".

"Es necesario continuar la lucha en un frente común, para, en primer lugar detener la escalada terrorista que se ha desatado desde más de un sector del equipo gobernante; (...) si los acontecimientos actuales nos están demostrando que si se suceden los gobiernos y los métodos inhumanos continúan, su responsable directo es el sistema que los genera y produce. Debe por lo tanto lucharse para hacerlo desaparecer, instaurando una patria mejor sin explotadores ni explotados."

---

[20]La entrevista fue realizada precisamente el 24 de mayo de ese año, "la noche anterior a nuestra salida de la cárcel de Villa Devoto, la noche anterior a la asunción del gobierno popular", según palabras de Urondo. Urondo, Francisco; *La patria fusilada*, Crisis, Buenos Aires, 1973.

Como ya lo había hecho Rodolfo Walsh al denunciar los fusilamientos de José León Suárez en *Operación masacre*, un texto cuya ficcionalización no va en desmedro de la información que brinda[21], los artistas e intelectuales del *Informe* alcanzan el mismo vuelo estético y la misma relación con la verdad. Con otras formas, con un trabajo colectivo, cumplieron con la obligación básica de todo arte revolucionario: ser una de las formas de la verdad.

La batalla por las conciencias y la lucha de la vanguardia

Si, como hemos visto, el *Informe* cumplía con su función fue porque se había presentado como un arma en la lucha por las conciencias de los que todavía necesitaban saber de qué se trataba; frente al engaño de la ideología burguesa, apareció como la denuncia de la verdad. En medio de un proceso revolucionario siempre es necesario quitar telarañas de los ojos de la conciencia. Pero este *Informe* es mucho más que eso. No le alcanzaba con ser una verdad poética gritada a los cuatro vientos, sino que construyó un tipo de receptor muy especial. Por un lado, el oído de las masas atento a lo que estos informes decían; por otro, los compañeros que todavía estaban luchando. Y si un discurso informativo está planteado "para todo el mundo", este informe tiene la peculiaridad de dirigirse simultáneamente a todos en general y a la vanguardia política en particular. Muchos de los compañeros que cada día debían enfrentar represión, tortura, clandestinidad, podían preguntarse cuánto tiempo más podrían soportar esa situación sin que su voluntad revolucionaria se viera quebrada. Eran tiempos difíciles.

Dos ejes recorren el contenido del *Informe*. Por un lado, el de la *justicia*; por otro, el de la *victoria*. La cuestión de la *justicia* no debe interpretarse como "justicia burguesa", sino, tal como aparece en el texto, como "justicia

---

[21]*Operación Masacre* es considerada la primera obra en su género en el mundo, es decir, una novela de no ficción, debido a que sus fuentes y datos son producto de una investigación y todos se corresponden con la realidad. La historia de este texto comenzó cuando a fines de diciembre de 1953, Juan Carlos Livraga, sobreviviente de la masacre, realizó la denuncia en el periódico *Propósitos*, de Leónidas Barletta, a instancias de Walsh. Entre los meses de enero y marzo de 1957, el escritor publicó una serie de notas en *Revolución Nacional* y entre mayo y junio, en la revista *Mayoría*. Ésa fue la génesis de *Operación masacre*, que fue publicado en 1958, pero siguió creciendo hasta 1972, su edición definitiva. Recordemos, de paso, que la película de Jorge Cedrón basada en la obra de Walsh fue filmada en 1972 y estrenada el 27 de setiembre de 1973.

popular". No se esperaba que ningún representante del Estado burgués impartiera una justicia que sólo podría ser una farsa; por eso, las organizaciones involucradas en el hecho reclamaban *justicia* revolucionaria. No se trataba de una simple represalia, ni de "justicia por mano propia", tampoco de una forma de venganza, en tanto expresión de la furia individual. Por eso, el poema de Enrique Courau se refiere a la "venganza" como acción plural, que llevaría a la victoria. La "justicia" del poema de Juan D. Polito, es la misma "justicia montonera" de "Susana oscura". Del mismo modo, todas las consignas del *Informe*, apuntan en ese sentido. Se trataba, precisamente, de no abandonar la conciencia de que la lucha de clases es una guerra y que en la guerra ambos bandos se enfrentan con el mismo método. Esos militantes entendían que los procesos revolucionarios exigían una agudización de la violencia y la única forma de hacer justicia a los intereses en conflicto no era precisamente, pacífica. Por esa razón, el *Informe* se encargaba de señalar a todos los responsables. Quiénes fueron los asesinos, desde el capitán Luis Emilio Sosa, uno de los ejecutores materiales protegido luego por el decreto n° 3495, hasta el almirante Hermes Quijada, considerado el principal responsable, ya que estaba a cargo de la base Almirante Zar cuando se produjeron los fusilamientos. Este eje del *Informe* se desarrolla en el texto de homenaje a Fernández Palmeiro, dirigente del ERP-22 de agosto, que en el '73 había matado a Quijada[22] y en las palabras de Vicente Zito Lema y Eduardo Luis Duhalde hacia Rodolfo Ortega Peña, fusilado en plena calle por la Triple A. La celebración de la justicia popular a manos del Gallego Fernández Palmeiro es el tema de "Epitafio", de Carlos Vitale. Que viva la Revolución (así, con mayúsculas, como está en el *Informe*) implica que, a pesar de la muerte de los militantes, existe una fuerza superior que va más allá de la suma de individuos. Era el grito de lucha, como cierra el texto de Frondizi, que les permitiría, a pesar del dolor, más bien a causa del dolor, seguir avanzando. Los compañeros habían caído en razón de la causa revolucionaria, pero los ojos en llanto no impiden la acción.

Dijimos que el otro eje temático era el de la *victoria*. En efecto, no se trata del martirio pasivo, de la resistencia cristiana, del sufrimiento, de poner la otra mejilla. Los revolucionarios que habían caído eran el aliento, la alegría

---

[22] "En un operativo con una moto y un auto de apoyo, el 30 de abril de 1973 concreta su plan disparándole al militar en pleno centro, pero al mismo tiempo recibe un tiro en el pulmón por parte del chofer del marino; puede escapar, pero muere a las pocas horas, sin querer ir a un hospital." Tarcus, Horacio: *Diccionario biográfico de la izquierda argentina*, Emecé, Buenos Aires, 2007.

y la fuerza omnipresente, pues reencarnarían "en cada nuevo cuadro", como se lee en el poema de Alberto Costa. Mientras que, en el bellísimo poema de Dardo Dorronzoro, ellos, los héroes de Trelew, los mantenían en movimiento y les prometían la victoria. No más mártires, ahora les tocaba morir a los otros. Los muertos cobran vida en los poemas porque cobran vida en las acciones de sus compañeros, tal como vemos en el poema de Julio Canteros o de otro modo, en las imágenes que Zito Lema recrea de Bonet, vital, esperanzado en el futuro. Sabemos el desenlace y eso nos entristece, pero el Bonet del poema es el que está vivo y lo que es más importante, sus hijos y todos los hijos están vivos, la lucha continúa. Y culminaría, victoriosa, cuando los hijos del futuro fueran liberados; en ellos vivirían los caídos: "Y ellos / los dieciséis / y todos los / asesinados por el odio / sonreirán / desde nuestros hijos." ("22 de agosto de todos los años", Carlos Patiño)

Esa lucha justa que con su violencia revolucionaria alcanzará, no solamente los cuerpos de los asesinos, sino también sus conciencias, como en el "Testimonio de un suboficial que intervino en los sucesos de Trelew", de Costantini: "se nos fugaron, nos trepaban al sueño, se reían, se nos siguen riendo, tengo miedo." Pero que irá más allá aún. Los que no sean dignos de la batalla, también serán despreciados. No era tiempo para timoratos, la sangre de Trelew salpicará "también a algunos de los nuestros, / los miedosos." Un solo texto, "Ellos", de Felipe Reisin, expresa la bronca y la contraposición entre la vida nueva del poema y la historia trágica que hay que contar: Trelew es demasiado odio para ser expresado en un poema. Pero... "paradoja final", el poema está allí, con todo su dolor, pero también y, a despecho de todo su silencio, con toda su airada voz. La muerte de los compañeros es un martirio porque fueron muertos por la causa revolucionaria, pero esas muertes operaban en las conciencias de los luchadores como un aliciente, como un acicate. Son "tigres" que volverán "brotándose como hierbas / como sauces." En suma, eran el motivo del rearme de la fuerza moral de los que los seguirían, la esencia de su voluntad de victoria.

El *Informe* tiene entonces también la función de moralizar a la vanguardia revolucionaria que no podía darse el lujo de acobardarse y le exigía, con toda su función apelativa puesta en juego, estar a la altura de la acción victoriosa, a la altura de la sangre de los compañeros de Trelew.[23] Esos "nombres nunca terminan de morir / nunca del todo"[24], porque esos hombres no estaban muertos.

---

[23]Y como dice Conti en su texto, "a la altura del Che".
[24]"La muerte es una aguja del tamaño de un pájaro", de Enrique Puccia.

Vamos, que podemos...

Su muerte no es más que este nacimiento[25]

Según Gramsci, todo combatiente debe tener fuerza moral, es decir, disposición a la lucha, además de condiciones técnico materiales. La convicción es un elemento clave en el armamento de un soldado; el estado moral de un ejército habla de su capacidad para intervenir exitosamente incluso en condiciones en extremo desfavorables. Se cuenta por allí una anécdota de Napoleón en la que un general prusiano le pregunta cómo ha podido obtener semejantes éxitos militares con un ejército de desharrapados. El emperador francés se da vuelta y ordena a un soldado de guardia a varios metros de altura que se tire inmediatamente, lo que el aludido ejecuta sin dudar. "Así", contesta. Efectivamente, la convicción de una tarea necesaria es una fuerza imposible de reemplazar por la tecnología, por más compleja que sea. Allí están Vietnam, la resistencia iraquí y los palestinos para probarlo.

La fuerza moral no brota, sin embargo, sólo de la conciencia intelectual de la justicia de una causa. Ni tampoco de la medida en que dicha causa coincide con los intereses propios. En realidad, tiene su asiento en el conocimiento tal como es vivido y sentido, es decir, en la educación sentimental de la conciencia. Los sentimientos, los impulsos, no se oponen a la conciencia, por el contrario: cuando están en contradicción resultan el motor del cambio sicológico; cuando están en sintonía, desarrollan un máximo de energía. ¿Qué significa, en lenguaje militante, estar "fundido", sino no poder refutar intelectualmente una conclusión política pero, al mismo tiempo, no poder encarnarla, ponerle el cuerpo? Precisamente, la fuerza moral expresa la coincidencia de los impulsos, de los sentimientos, de la energía sicológica y del programa concientemente asumido. De allí la importancia del arte como educador del sentimiento. Por eso las banderas, los símbolos, las ceremonias, las canciones, la poesía épica, la pintura, en fin, el arte. El *Informe* cumple cabalmente con esta obligación y lanza hacia el futuro la pregunta: ¿qué tipo de educación, de qué sentimientos, de qué interés de clase, estás vos, artista, produciendo hoy?

Señalaba Clausewitz que una derrota de una batalla que se ha librado con convicción hasta el final, se transformaba en el futuro en una victoria, en un elemento de una nueva fuerza moral. Se ganaba, en sus palabras, el

---

[25]De "La sangre derramada", de José Antonio Cedrón.

derecho a la resurrección. Los héroes de Trelew y los artistas que les cantaron dan testimonio de esa verdad.

Sobre los autores del *Informe*

Los autores que aparecen presentando un texto propio en el *Informe*, además de Roberto Santoro son los siguientes:

Julio Canteros: poeta, nacido en Buenos Aires, colaborador del periódico *Alberdi*.

José Antonio Cedrón: poeta, nacido en Buenos Aires en 1945. Vivió hasta hace muy poco en México y actualmente se encuentra en Argentina. Integró la mesa directiva de la AGE (Asociación Gremial de Escritores). También escribió en *Alberdi*.

Haroldo Conti: nació en Chacabuco, provincia de Buenos Aires, en 1925. Escribió una obra de teatro (*Examinado*), libros de cuentos (*Con otra gente, La balada del álamo carolina, Todos los veranos*) y novelas (*Sudeste, Alrededor de la jaula, En vida, Mascaró*). Su última novela, publicada en 1975, obtuvo el Premio Casa de las Américas. Fue seminarista, piloto civil, navegante. Estudió en Filosofía y Letras y fue profesor de latín. Militante del PRT y miembro del FAS, fue secuestrado el 5 de mayo de 1976.

Alberto Costa: nació en Mendoza en 1941. Ya en Buenos Aires, intentó sin éxito un acercamiento a la revista *El grillo de papel*, dirigida por Abelardo Castillo. Tiempo después, Carlos Patiño lo incorporó a *Barrilete*, publicación de la que fue coeditor en el número 13. Escribió en el *Informe sobre Santo Domingo*. Junto con los poetas Margarita Belgrano, Carlos Patiño y Rafael Vásquez editaron el disco *Buenos Aires vuelta y vuelta*. Tres de sus libros de poemas son *Lo que duele* (Editorial El Barrilete, 1965), *Poemas con taquicardia* (Editorial Barrilete, 1967) y *Poemas a la marchanta* (publicado por Papeles de Buenos Aires). Participó en el Congreso Cultural de La Habana en 1967. Cuando volvió, se incorporó al PRT, al igual que Costantini, Santoro y Conti. Debió exiliarse en España, perseguido por la Triple A.

Humberto Costantini: nació y falleció en Buenos Aires (1924-1987). Veterinario, su pasión era la escritura. Escribió cuentos (*De por aquí nomás, Bandeo, Una vieja historia de caminantes*), poesías (*Cuestiones con la vida, Más cuestiones con la vida*, publicada por Papeles de Buenos Aires), novelas (*Háblenme de Funes, La larga noche de Francisco Sanctis*) y obras de teatro (*Tres monólogos*). Dejó inconclusa e inédita una novela, *La rapsodia de Raquel Liberman*, historia de una prostituta explotada por la Zwi Migdal. Participó en el *Informe sobre Santo Domingo*. Inició su militancia en el Partido Comunista, del que se alejó por discrepancias con la política prosoviética. Se acercó en los '70 al PRT y compartió su militancia con Conti y Santoro. Debió exiliarse en México en 1976 y regresó a Buenos Aires en 1983.

Enrique Courau: poeta. Nació en 1943 en Buenos Aires. Fue secuestrado en 1976 y se encuentra desaparecido. Formó parte de *Barrilete* y participó en los *Informes*, entre ellos el de Santo Domingo. Publicó *El camino del pueblo* (Ediciones La Nueva Resistencia, Buenos Aires, 1972) y *Al paredón* (Editorial Papeles de Buenos Aires).

Dardo S. Dorronzoro: novelista, cuentista, poeta y periodista. Nació en 1913 en San Andrés de Giles, provincia de Buenos Aires, y fue secuestrado en Luján en 1976. Empezó a publicar sus colaboraciones periodísticas y sus poemas en el periódico socialista *Tribuna roja*. Publicó una sola novela *La nave encabritada*, que obtuvo el premio Emecé en 1964 y dos libros de poemas, *Una sangre para el día* (publicado por Papeles de Buenos Aires) y *Llanto americano*. Dejó dos libros de cuentos y una novela inédita.

Eduardo L. Duhalde: abogado, historiador y periodista, actual secretario de Derechos Humanos. Dirigió junto con Ortega Peña, la revista *Militancia*. Fue defensor de presos políticos, entre ellos, de Mario Roberto Santucho. A comienzos de 1976, la Junta Militar dispuso la incautación de todos sus bienes y su captura, razón por la cual debió exiliarse en España. Desde ese país fue uno de los organizadores de la denuncia internacional contra la dictadura. Su libro más conocido es *El Estado terrorista argentino*, publicado en 2004.

Silvio Frondizi: era abogado y había nacido en Corrientes en 1907. También fue docente universitario y defensor de presos políticos. Organizó la agrupación Praxis. En 1974, integró junto con Rodolfo Ortega Peña, Alicia Eguren y otros intelectuales, el FAS, uno de los frentes organizados por el PRT. Ortega fue asesinado por la Triple A el 30 de agosto de 1974 y a Frondizi lo secuestraron el 10 de setiembre. Su cuerpo apareció acribillado horas después del secuestro y la AAA asumió públicamente su responsabilidad en el hecho.

Irma Nesich de Fernández Palmeiro: viuda de Víctor Fernández Palmeiro. Era, al igual que su marido, militante del ERP-22 de agosto y está desaparecida.

Carlos Patiño: escritor y periodista nacido en 1934. Integró el grupo Barrilete y formó parte incluso de su comité editorial en los dos únicos números en los cuales no participó Roberto Santoro. Escribió en el *Informe sobre Santo Domingo*. En 1976, ya amenazado por la AAA, como todos los miembros de Barrilete, luego de la publicación del *Informe sobre Trelew*, debió exiliarse en México. Publicó ocho libros de poemas, entre los que figuran *Esquinas silenciosas*, *Ceremonias y otros desórdenes* y *Manantial en llamas*. Dos fueron editados por Barrilete, *Buenos Aires por la cabeza* (1966) y *Hombre de doce menos cuarto* (1968) y otro, por Papeles de Buenos Aires, *Retratos*.

Enrique Puccia: es poeta y periodista y nació en Buenos Aires en 1941. Entre los años 1978 y 1982 estuvo exiliado en España. En la colección La pluma y la palabra, de Papeles de Buenos Aires, publicó *Otras instantáneas*. Para ese entonces tenía editados dos libros de poemas más: *La barriga coja* (1971) y *Simulacro con todos* (1972).

Felipe Reisin: poeta nacido en Buenos Aires en 1940. Según el testimonio de Carlos Patiño, se habría suicidado durante la dictadura. Fue integrante de *Barrilete* entre el '64 y el '66 y después se reincorporó en la última etapa. Participó en el *Informe sobre Santo Domingo* y en el *Informe sobre el país*. Uno de sus libros de poemas, *Además hay mucho ruido* fue publicado por Barrilete y otro, *Región gris*, por Papeles de Buenos Aires.

Vicente Zito Lema: escritor, periodista, docente, nacido en 1939. En 1969 fundó y dirigió la revista literaria *Talismán*, ligada al surrealismo. Durante la década del '70, fue colaborador de diversas publicaciones: *Crisis*, *Liberación* y *Nuevo Hombre*. "Carta abierta a un marine" es el título del poema con que participó en el *Informe sobre Santo Domingo*. En la editorial Papeles de Buenos Aires, publicó *La paz de los asesinos*. Militó en el PRT-ERP hasta su escisión, cuando pasó a ser un cuadro, al igual que Fernández Palmeiro, en el ERP-22 de agosto. Tras el golpe de estado debió exiliarse. Se radicó en Holanda hasta el año 1983. Fue discípulo de Enrique Pichon-Riviere, creador de la escuela de psicología social. En el año 2000 funda junto a las Madres de Plaza de Mayo, la Universidad Popular de las Madres, institución de la que fue rector hasta el 2003.

Dos poemas aparecen sin identificación certera del autor. Uno, "Susana oscura", firmado solamente con un nombre, Darío, del Barrio Santa Teresa; el otro, homenaje a Ana María Villarreal de Santucho, suscripto por Ana María, quien podría suponerse (por el texto del poema) que es la madre de la militante fusilada. No encontramos datos biográficos sobre Antonio Clavero, Aída Victoria Delpiero, Juan D. Polito y Carlos Vitale.

informe

sobre

trelew

LA SANGRE DERRAMADA NO SERA NEGOCIADA

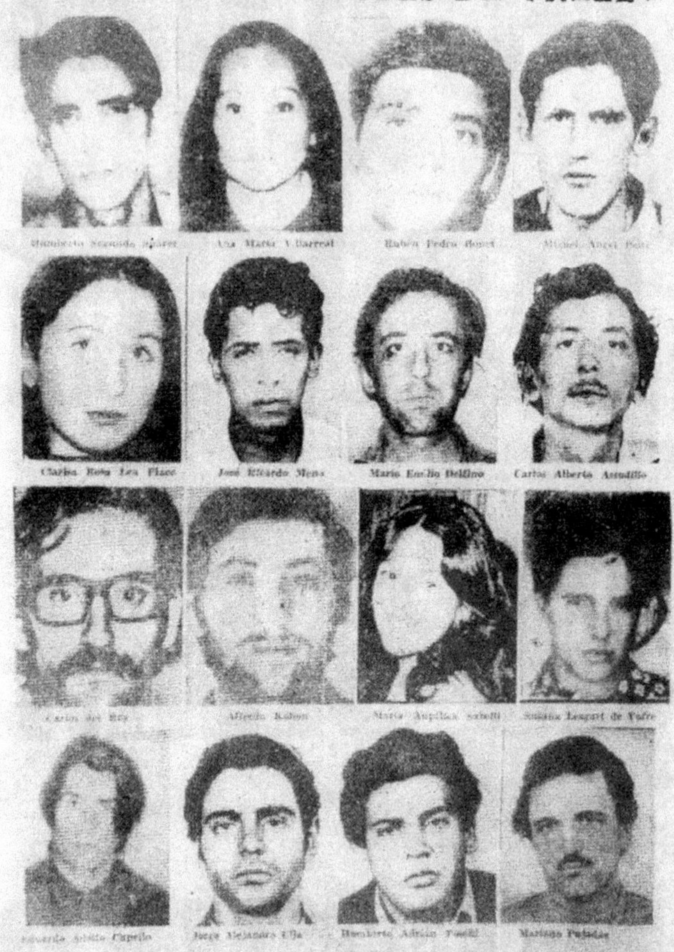

GLORIA A LOS HEROES DE TRELEW
¡TRIBUNAL POPULAR PARA SUS ASESINOS!

BONET:Agradecemos al periodismo, a todas las personas que se encuentran y que han colaborado con nosotros, a quienes colaboraron con su tranquilidad a que las cosas salgan lo mejor posible. Nuestra decisión en estos momentos es en-tregarnos, para eso llamamos al juez, hemos llamado a abogados y los hemos llamado a ustedes y a todos les agradecemos su presencia aquí.Nuestro objeti-vo al haber tomado la cárcel al haber venido hasta aquí e intentar la fuga ha sido el deseo de reincorporarnos a la lucha activa.Hemos fracasado,pero por suerte,varios de nuestros compañeros, en estos momentos,están arribando a Puerto Montt,lo cual significa que una serie de cuadros de las distintas organizaciónes armadas,Far,ERP,MONTONEROS,se van a reincorporar activamente a la lucha, esto para nosotros ha sido un éxito, entonces.Aquí en la Patago-nia, concebimos esta lucha, esta acción,como la continuación de la lucha que liberaron los obreros rurales, los obreros industriales, que en los años 21 fueron asesinados por el ejército por la represión.Entre ellos se encontraban compañeros uruguayos, compañeros argentinos, como Pinto, como Uteredo, como Front;somos continuadores de ellos.Somos los continuadores también del gene-ral San Martín,porque estamos a la segunda independencia por la liberación del imperialismo yanqui y por la construcción de la patria socialista.Yo, nada más,si los compañeros quieren agregar algo más......
PUJADAS: Yo creo que no hay nada mas que agregar a lo que dijo el compañero, es cuestión de reafirmar nuestra voluntad de lucha junto al pueblo, que es lo que se ha expresado combativamente en tantas jornadas de lucha de Córdoba, en Rosario en Buenos Aires,en todas las ciudades que luchan permanentemente por derrotar a la dictadura,por conseguir un gobierno popular y construir la patria socialista,Esto es, reafirmar una vez más nuestra voluntad de luchar con el pueblo,luchar junto al pueblo para conseguir esos objetivos.

PERIODISTA: Me pueden contestar.una pregunta?

PUJADAS: Antes queremos...bueno, adelante.

TESTAMENTO POLITICO DE LOS

HEROES DE TRELEW

PERIODISTA: Los compañeros periodistas que están acaá presentes, e indudablemente todos, ya que esto se va a transmitir al pueblo de Trelew, y al de
toda la república através de la imagen de T.V., de radio y de los diarios,
detalles, si es posible darlos, a través de los momentos de incertidumbre
que están viviendo la gente que está cacá en el aeropuerto si todo salió como
fué planeado o fué victima de las circunstancias?

BONET: Evidentemente nuestra intención no era hacer solo esto.

BONET: El plan era que nos fueramos todos. Se fué solo un grupo.El resto no
llegamos.

PERIODISTA: El resto del grupo que no pudo esperar en el avión,ya tenía orde-
nes precisas de despegar si ustedes no llegaban a tiempo?

PUJADAS: Así es.

PERIODISTA: Cuántos quedan acá en estos momentos?

PUJADAS: En estos momentos creo que somos 19 o 20.

PERIODISTA: Se demoraron en el camino?

PUJADAS: Sí

PERIODISTA: Además de los 19, los que viajaron en el avión,
Cuántos son?

PUJADAS: Creemos que 6.

BONET:6 o 7 compañeros.

PERIODISTA: Todos hombres?

PUJADAS: no recuerdo si son todos hombres.

BONET: Sí, son todos hombres.Hay gente del periodismo que quiera hacer otra
pregunta que se haya pasado?

PERIODISTA:Para la gente de acá.Cuáles son las condiciones.-

PUJADAS: Entregarnos incondicionalmente,en estos momentos nuestra lucha es
bien demostrativa que no tengamos ninguna intención de hacerle daño a los ci-
viles.Lo hemos declarado,lo hemos reiterado y si simplemente los mantenemos
aquí es incluso, es por seguridad de ellos ya que afuera está la represión
mientras pactamos con la represión para entregarnos, entregar las armas y
garantizar nuestra seguridad.

BONET:Y una cosa más, sobre eso y para decir algo que no estuvo dicho.Todas
las organizaciones que están aquí..MONTONEROS,FAR, ERP, somos hijos del
pueblo,somos hijos de las movilizaciones del 69, nosotros somos entonces par-
tes del pueblo, por eso nuestra obligación por velar por su seguridad, es
así que hemos dejado salir a toda la gente que se ha descompuesto ni bien la
ha solicitado.

PERIODISTA:Su opinión sobre el gobierno actual?

BONET:Es una dictadura militar al servicio de los monopolios

PUJADAS: Exactamente igual que el compañero.

PERIODISTA:Solución que le dan las organizaciones armadas con las distintas siglas a la situación del país?

BONET: Continuar con la guerra revolucionaria.

PERIODISTA: Todo por la vía violenta?

PUJADAS: La vía no la ponemos nosotros. La vía la pone el régimen, cuando proscribe la voluntad del pueblo.Cuando impide elegir libremente a sus gobernantes.Entendemos que está suficientemente demostrado que el régimen va a tener alguna trampa y no casualmente sino porque necesita mantener su poder sobre las clases dominadas,mantener la situación de privilegio sobre el pueblo explotado.Entonces siempre van a tener alguna trampa dentro del actual sistema de capitalista para impedir la llegada al poder de gobiernos representativos de los intereses del pueblo,que son la liberación de la dominación capitalista e imperialista y la construcción de la patria socialista.Entendemos que el problema de la violencia es algo que nos impone el régimen, cortando todas las salidas posibles.Estamos convenidos que solo por esa vía vamos a poder conseguir el gobierno para el pueblo.

PERIODISTA: Los comandos superiores de vuestros grupos entienden que la unica posibilidad es la salida a través de la escalada de violencia o dan otra posibilidad a través de un proceso electoral limpio y democrático?

BERGER: Nosotros no hemos elegido, la violencia por la violencia misma, pero vemos que es el único camino que nos queda.En ese sentido somos pacifistas, pero como decía el compañero, en la medida en que no nos dejan elegir el camino....

BONET: Debemos optar por la violencia, y ara ello tenemos ejemplos claros claros del porque, cualquier hecho en el pueblo. en el proletariado, el aumento de la luz, en cualquiera de los distintos sectores de clases sociales, en cualquier sector del pueblo,genera inmediatamente la represión y la muerte de los obreros, de gente del pueblo; y esto puede venir de la luz o de cualquier otra cosa.Nosotros hemos entendido que la única forma de combatir a la distedura militar, de combatir al capitalismo,es organizandonos, creando una fuerza militar que derrote la fuerza militar del enemigo.Si hay elecciones y si estas son lo suficientemente limpias el pueblo va a participar, ya que el pueblo tiene conciencia suficiente para discernir esto.Hasta este momento las elecciones son sucias, tramposas, restringen, entonces nuestra obligación es estar junto al pueblo, porque somos parte del pueblo, si hay elecciones limpias el pueblo participará y nosotros también participaremos.Pero esta no es la situación y por eso no lo pensamos ni nos ponemos a hablar de eso, porque no es así.La situación es que el gobierno reprime cualquier manifestación por pequeña que sea.Mata un obrero de Paugeot, no sabemos porque lo secuestra. y lo mata.Mata por cualquier cosa.Nuestra violencia es la respuesta a esa violencia, es la respuesta a la violencia del capitalismo;somos el pueblo en armas,somos el proletariado en armas.En ese sentidobregamos por romper, por anular,en base a la discusión pública frente a las masas, las pequeñas diferencias que tienen las organizaciones armadas.Esta es una prueba, en estos momentos en que estamos hablando compañeros del -ERP,compañeros MONTONEROS,Como compañeros del FAR. En este momento consideramos que es la oportunidad de manifestar que debemos tratar de lograr un ejercito unido, tratar de acabar con estas siglas que nos distinguen hoy.En ese sentido la discusión la haremos frente a las masas. Nuestra voluntad es en este momento la unidad de las organizaciones armadas.

PUJADAS:Aquí hay compañeros de 3 organizaciones, ERP,FAR, MONTONEROS, esta
acción es significativa de nuestra voluntad de unión.Estamos juntos en esto
y vamos a luchar juntos por la liberación de nuestro pueblo.Hoy nos separan
algunas diferencias políticas, pero estamos seguros que el calor de la lucha
estas diferencias van a ser superadas.Dos de las organizaciones que estamos
aquí,reppesentadas en algunos de sus miembros son organizaciones peronistas,
la otra no lo es, pero eso no es ninguna traba de nuestra voluntad de unir-
nos que estamos aplicando.Los compañeros peronistas, estamos aquí,no porque
nosotros hayamos elegido el camino de la violencia, ya que si el régimen tuviera voluntad de dar elecciones limpias totalmente el pueblo lo aceptaría y
nosotros lo aceptaríamos pero estamos convencidos de que así no ván a ser,
nosotros deccimos al régimen que si quiere demostrar esa voluntad,que no haga
tanto cháchara con las elecciones libres como viene haciendolo, y que se
expida claramente y lo demuestre en los hechos,con su voluntad de pacificar
al país. En este sentido,mientras el régimen no haya terminado con las torturas, con los secuestros, los asesinatos que realiza, mientras el régimen
no permita que la voluntad del Perón se exprese, con un programa revolucionario antiimperialista que sea representativo de los intereses del pueblo como
las elaborados en Huerta Grande,en La Falda, en la CGT de los argentinos que
son fielemtne representativos dela voluntad del pueblo.Que al régimen permita
eso si tiene realmente voluntad pacificadora.Nosotros estamos convencidos
de que no lo va ahacer; que permita que el pueblo argentino, y esto hable en
nombre de las organizaciones armadas peronistas tengan como candidato natural
al Gral.Perón,que permitan su candidatura en las elecciones, que no proscri-
ban otra fez, eso y solo eso puede ser demostrativo en los hechos y hasta
ahora no han hecho nada en ese sentido,cada día reprime más, tortura más,
encarcela mas y noos .voluntad deo gobierno liberar a los presos y respetar
la voluntad del pueblo, y cada día somos mas y mas organizados; los hechos los
demoestran así, nos vamos atrincherando,vamos combatiendo y nos formamos con
el ejército popular, marchando hacia la toma del poder para construir la
patria socialista.

BONET: Acá hay algo que debemos agregar, aquí hay compañeros que somos parte
del pueblo,creo que la composición social de los 19 que somos también la evi-
  dencia.Acá hay obreros Tucumanos, trabajadores de la zafra,compañeros campe-
sinos, compañeros intelectuales,compañeros obreros industriales, esa es la
composición social de los 19,no somos estudiantes y nada mas.
PERIODISTA: Para tranquilidad de los familiares de Trelew, diremos que se encuentra retenida en el aeropuerto de Trelew,se halla rodeado por fuerzas policiales y del ejército, acaban de manifestar miembros de las organizaciones
armadas: FAR, ERP, MONTONEROS,que después de haber realizado esta entrevista
y haber llegado a la masa de la población a través de la prensa escrita es
factible y ellos lo han decidido así,entregarse incondicionalmente ningún tipo
de violencia, reiteramos que esto es por si llega nuestrovideotape a tiempo a
la imagen de vuestro televisor.
BONET: En este creo que es conveniente aclarar algunas cosas sobre la entrega
incondicional. Primero nuestro estado físico el de los 19 compañeros es per-
fecto y segundo la exigencia de la presencia del juez Godoy.

PERIODISTA: Acá las cámaras toman la presencia del juez Federal Alejandro
Godoy.

BONET: Acá el compañero resume las condiciones o sea la forma en la cual va a
ser nuestra entrega para garantizar nuestra seguridad, integridad y nuestra
seguridad física,que no solo no nos asesinan,como han asesinado a otros compañeros, sino ta,poco caer bajo la tortura o la cual permanentemente las fuerzas represivas son adictas.

PUJADAS: Nuestro objetivo,es al llamar al señor juez y a los señores periodistas
garantizar nuestra seguridad personal,como decía el compañero, tenemos sobrada
experiencia de compañeros nuestros, o incluso nosotros mismos y los compañeros
que integran este grupo del aeropuerto que han caído presos y han sido torturados,picaneados, brutalmente golpeados al ser interrogados por la policía y
por las fuerzas represivas.El objetivo es tratar de evitar que eso se repita.
Las condiciones para entregarnos van a ser esas garantías, vamos a exigir que
el señor juez verifique nuestro estado físico para ello creo que debemos pedir
la presencia de un médico que pueda verificar el estado físico de todos los
integrantes de este grupo.De la misma manera lo vamos a exigir al ser reinte-
grados a las cárceles, vamos a exigir tambien que el Señor juez nos acompañe
fisicamente.
PERIODISTA:Sr.juez es posible todo eso?
JUEZ: Si, yo voy a pedir que en ese caso usted nos autorice para parlamentar
con el poder militar.
PUJADAS: Si, usted está autorizado a parlamentar con la autoridad militar en
presencia de nosotros.
JUEZ: Yo tendría que salir y volver?

PUJADAS: A la autoridad militar mientras no se constituya aquí, no la vamos
a llamar nosotros; por ahora que se quede la autoridad militar que está bajo
sus órdenes.

PERIODISTA: Podemos intervenir nosotros en caso de intervenir una autoridad
militar?

PUJADAS:No necesitamos que venga nadie del ejército,ni de la marina, por ahora
creo que podemos suspender la entrevista y hablar en términos concretos con
el señor juez como vamos a realizar la negociación.

TRELEW

ESTABAN EN LA BASE EL DIA 22 DE AGOSTO

—El Jefe: Capitán de Navío CAPANINI

—Jefe de Vigilancia y Seguridad: Guardamarina LARSEN.

—Del Servicio de Inteligencia de la base: Tte. de Fragata DEL REAL

—Del Servicio de racionamiento: Guardamarina FERNANDEZ

—Del Servicio de Informaciones Navales: Suboficial GONZALEZ

—Marineros de Primera: Soria CATANIA, Felipe ENRIQUE, Juan CARRIZO y Juan SORIA.

PARTICIPARON EN LA CONFECCION DEL SUMARIO EN LA BASE, POR LA MARINA:

—Capitán de Corbeta CORBERA (ahora en Puerto Belgrano)

—Suboficial ACOSTA; secretario del Juez de Instrucción (ahora en Puerto Belgrano)

—Capitán de Navío DE LA CANAL; tuvo a cargo la instrucción del sumario en la Base "Almirante Zar".

PERSONAL QUE FUSILO:

—Capitán de Fragata SOSA (del personal de la base)

—Teniente BRAVO (no era en ese momento personal de la base)

—Cabo MARCHAND (del personal de la base)

—Cabo AQUINO (era del personal de la base. Actualmente en el Regimiento de Artillería Antiaérea de Puerto Belgrano)

—Teniente de Fragata GALINDEZ (del cuerpo de ametralladoras de la base).

LA FAMILIA UNITAS

cabo
cabo primero
sargento
sargento primero
sargento ayudante
suboficial principal
suboficial mayor
subteniente
teniente
teniente primero
capitán
mayor
teniente coronel
coronel
general de brigada
general de división
teniente general
cabo
cabo primero
sargento
suboficial auxiliar
suboficial ayudante
suboficial principal
suboficial mayor
alférez
teniente
primer teniente
capitán
comandante
vicecomodoro
comodoro
brigadier
brigadier mayor
brigadier general

cabo segundo
cabo primero
cabo principal
suboficial segundo
suboficial primero
suboficial principal
suboficial mayor
guardiamarina
teniente de corbeta
teniente de fragata
teniente de navío
capitán de corbeta
capitán de fragata
capitán de navío
contraalmirante
vicealmirante
almirante
cabo
cabo primero
sargento
sargento primero
suboficial escribiente
suboficial ayudante
suboficial principal
oficial subayudante
oficial subinspector
oficial inspector
oficial principal
subcomisario
comisario
comisario inspector
inspector mayor
inspector general

Roberto Santoro

22 DE AGOSTO

Ana María Villarreal de Santucho (Ejército Revolucionario del Pueblo), 36 años.

Profesora de Artes Plásticas. En marzo de 1970 fue detenida en el curso de una expropiación y reparto de carne en una barriada pobre, donde fue herida de bala. En junio del mismo año se fugó con otros compañeros en una operación resoate del ERP. En febrero de 1971 fue detenida nuevamente, torturada y encarcelada en Rawsón. Dejó tres hijas de 8, 9 y 10 años. Era la esposa de Roberto Mario Santucho.

Susana Lesgart (Montoneros), 22 años.

Esposa de Fernando Vaca Narvaja. Participó en las operaciones de mayor envergadura de la organización, como la ocupación de La Calera (Córdoba) y el copamiento de guardias militares en Buenos Aires. En 1971 asumió la conducción regional de los Montoneros en Tucumán y luego se incorporó a la dirección nacional. Fue detenida en diciembre de ese año.

Clarisa Rosa Lea Place (Ejército Revolucionario del Pueblo), 24 años.

Estudió Derecho en Tucumán. Detenida el 28 de enero de 1972. Participó en diversas acciones menores, y en una de ellas (el desarme de un policía) fue detenida por primera vez en 1971. Vinculada con la organización desde sus orígenes.

María Angélica Sabelli (Fuerzas Armadas Revolucionarias), 23 años.

Ingresó en la organización en 1968, cuando tenía 19 años, luego de abandonar sus estudios en Ciencias Exactas en la Universidad de Buenos Aires. Se destacó por su gran puntería con las armas y como instructora político-militar de los nuevos cuadros. Participó en numerosas operaciones, entre ellas la ocupación de Garín (Buenos Aires). Detenida en febrero de 1972, fue bárbaramente torturada.

Jorge Alejandro Ulla (Ejército Revolucionario del Pueblo), 28 años.

Hijo de una familia de la clase media alta. Abandonó sus estudios y trabajó como obrero en una fábrica metalúrgica en 1967, año en que se incorporó al Partido Revolucionario de los Trabajadores. Tomó parte en la expropiación del Banco de Escobar, en enero de 1969. Participó en la expropiación del Banco Comercial del Norte, en noviembre de 1970. Allí fue herido de bala y detenido, pero rescatado a los pocos días del hospital por un comando del ERP. Detenido nuevamente en agosto de 1971.

Rubén Pedro Bonet (Ejército Revolucionario del Pueblo), 30 años.

Hijo de una familia muy modesta, el "Indio" —así lo llamaban sus compañeros— ingresó al Partido Revolucionario de los Trabajadores en 1961 y en 1967 a su Comité Central. Fue obrero de Sudamtex y Nestlé. Participó en la expropiación del Banco de Escobar, en enero de 1969. Fue detenido el 1⁹ de abril de 1971 al subir a un automóvil marcado por la policía. Fue torturado en las comisarías de Villa Real, Villa Lynch y San Isidro.

Mario Emilio Delfino (Ejército Revolucionario del Pueblo), 29 años.

Ingresó en el Partido Revolucionario de los Trabajadores en 1966, luego de abandonar sus estudios de Ingeniería. Trabajó como obrero en el frigorífico Swift de Rosario, en respuesta a la política de proletarización de su partido. Cayó detenido en 1968 mientras se retiraba junto con otros compañeros luego de copar la comisaría 20 de Rosario.

Mariano Pujadas (Montoneros), 24 años.

Fue uno de los creadores de la regional Córdoba de la organización y participó en las primeras acciones de apertrechamiento. Intervino también en la ocupación de La Calera (Córdoba). Encarcelado en Rawson en 1971.

Eduardo Adolfo Capello (Ejército Revolucionario del del Pueblo), 24 años.

Estudiante de Ciencias Económicas en Buenos Aires. Uno de los principales gestores en la creación de las primeras unidades de combate del ERP. Participó en numerosas operaciones de expropiaciones de armas policiales, expropiación y reparto de alimentos a las villas miseria, tomas de fábricas y el fallido secuestro del general Julio Alsogaray. El 16 de setiembre de 1971 fue detenido y salvajemente torturado, junto con otros 15 compañeros.

Alberto Carlos Del Rey (Ejército Revolucionario del Pueblo), 26 años.

Fue detenido luego de haber participado en la toma de un frigorífico. Al retirarse, se produjo un enfrentamiento con la policía del cual logró escapar junto con otros compañeros luego de herir a dos enemigos. En los operativos posteriores cae en manos de la policía durante la pesquisa de un tren.

José Ricardo Mena (Ejército Revolucionario del Pueblo), 20 años.

Hijo de una familia obrera de Tucumán y él mismo obrero de la construcción, ingresó al ERP en setiembre de 1970. El 16 de noviembre de ese año participó en la expropiación del Banco Comercial del Norte. Fue detenido en esa ocasión. Participó en la operación de fuga del penal de Villa Urquiza, pero no pudo concretar la suya.

Humberto Segundo Suárez (Ejército Revolucionario del Pueblo), 23 años.

Fue campesino, cañero, obrero de la construcción, y a fines de 1970, cuando ingresó al ERP, obrero panificador en Tucumán. Detenido en marzo de 1971, "Pucho" —como le decían sus compañeros en la cárcel— se preocupó mucho por trabajar, elevar su nivel cultural y político e impulsar todas las tareas de la prisión.

Alfredo Elías Kohon (Fuerzas Armadas Revolucionarias), 27 años.

Estudió Ingeniería en Córdoba, mientras trabajaba en una fábrica metalúrgica. Ingresó en la organización en 1969. Aportó sus conocimientos en la instalación del primer taller de armamentos y explosivos de la FAR. Participó en varias operaciones. Fue detenido el 29 de diciembre de 1970, con otros 15 compañeros, luego de la expropiación de una sucursal bancaria en Córdoba. Torturado durante diez días.

Carlos Heriberto Astudillo (Fuerzas Armadas Revolucionarias), 28 años.

Estudió Medicina en la Universidad de Córdoba. Ingresó a la organización en 1970. Fue detenido el 29 de diciembre de 1970 cuando participó en la expropiación de un Banco en la provincia de Córdoba. Su comportamiento fue heroico: cubrió la retirada de sus compañeros y anuló a dos patrulleros que los perseguían.

Miguel Angel Polti (Ejército Revolucionario del Pueblo), 21 años.

Estudió Medicina y luego Ingeniería en Córdoba. Intervino en las más importantes acciones del ERP. En abril de 1971, durante una represión militar, cayeron muertos tres combatientes del ERP, entre ellos José Alberto Polti, hermano de Miguel Ángel. Este, a pesar de su juventud, asimiló con gran madurez y entereza el duro golpe. A mediados de 1971 fue detenido y torturado en Córdoba, y luego trasladado a Rawson.

Humberto Adrián Toschi (Ejército Revolucionario del Pueblo), 26 años.

Era hijo de una familia burguesa, pero renunció a todas las comodidades para ingresar en el ERP. Participó en la creación de las primeras unidades de combate en Córdoba. Intervino en numerosas acciones, entre ellas la expropiación de un camión de caudales en Yocsina. El 30 de agosto de 1971 fue detenido durante una pesquisa policial.

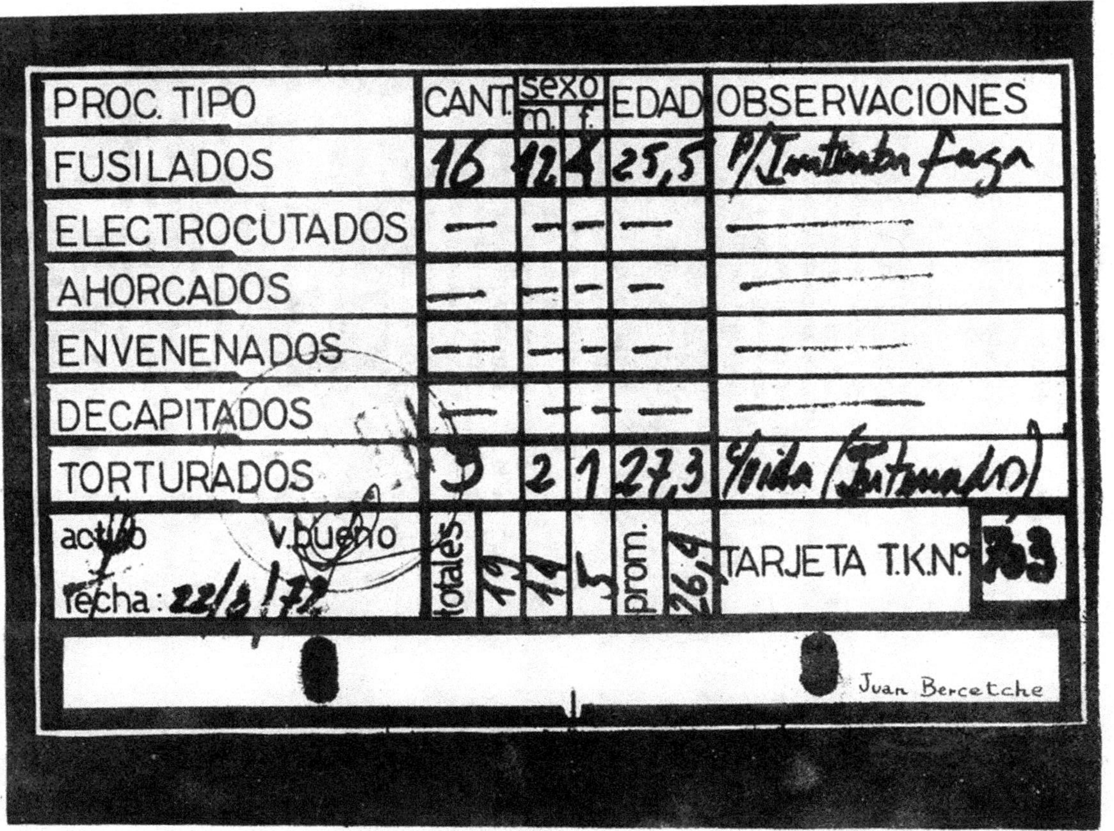

PROC. TIPO	CANT.	sexo m.	f.	EDAD	OBSERVACIONES
FUSILADOS	16	12	4	25,5	P/ Montañez Faga
ELECTROCUTADOS	—	—	—	—	—
AHORCADOS	—	—	—	—	—
ENVENENADOS	—	—	—	—	—
DECAPITADOS	—	—	—	—	—
TORTURADOS	3	2	1	27,3	Vida (Torturado)
totales	19	14	5	prom. 26,4	TARJETA T.K.Nº 753

actuó   v.bueno

fecha: 22/3/77

Juan Bercetche

**TESTIMONIO DE LA
SOBREVIVIENTE
MARIA ANTONIA BERGER**

Bs. As., setiembre 5 de 1972

Queridos compañeros:

No puedo sino dirigirme a ustedes para informarles acerca de los acontecimientos que los inquietan y que yo he vivido. Después de concretarse la toma del aeropuerto de Trelew, al plantearnos mis compañeros y yo la necesidad de garantizar nuestra seguridad física en el trato posterior a la rendición; de tal forma, se logra una amplia certificación de nuestro estado físico, por parte de médicos y periodistas.

El juez federal que intervino en la negociación de nuestra rendición prometió acceder a nuestro requerimiento de que se nos retornera al penal de Rawson en forma inmediata; dicho juez, al igual que el oficial de policía que lo acompañaba, comportándose en forma correcta. Al llegar las tropas de infantería de marina, las tratativas de la rendición se celebran con el oficial al mando de las mismas, capitán de corbeta Sosa, ante quien Mariano Pujadas, Rubén Pedro Bonet y yo insistimos en lograr que nos reintegren a la unidad carcelaria, como condición previa a la rendición. Ante la oposición del capitán Sosa, se hace saber a él y al Juez Federal que a nuestro entender la base naval no reúne las mínimas garantías de seguridad en cuanto a nuestras vidas; para el supuesto caso que el penal de Rawson aún se encontrara ocupado militarmente por los compañeros alojados en este, los tres nos ofrecíamos a gestionar y obtener la rendición incondicional de ellos.

En estos términos se planteaba la discusión, aunque luego el capitán Sosa accede a los requerimientos y afirma nos llevará hasta el penal.

TESTIMONIO DEL SOBREVIVIENTE RICARDO RENE HAIDAR

La noche del día miércoles aparece por primera vez el oficial Bravo, es éste un sujeto alto, de tez blanca, pelo casaño claro casi rubio, bigotes espesos, de constitución delgada pero robusta, de 1,80 m. de altura y unos 30 años de edad. Este oficial es el que observa la conducta más agresiva con los prisioneros. La noche del jueves nos quita los colchones y las mantas y nos infringe castigos, como por ej.: hacernos apoyar la punta de los dedos contra la pared, con el cuerpo en plano inclinado en posición de cacheo, y tenernos así durante largo rato, hacernos acostar en el piso completamente desnudos también por largo rato, etc.

Esta misma noche comienzan los interrogatorios, . Aproximadamente las 2 de a mañana. Ellos eran efectuadas por personas vestidas de civil entre las cuales había uno a quien Delfino reconoció como perteneciente a DIPA, lo que hace presumir que los demás también lo eran.

La noche del día lunes nos permitieron acostarnos temprano, aproximadamente a las 21 hs., pero aproximadamente a las 3,30 hs. fuimos despertados violentamente por el Capitán Sosa y el Oficial Bravo, nos ordenaron que dobláramos los colchones y las mantas. Un cabo abrió celda por celda. A medida que nos levantábamos nos hacían parar contra la pared mirando el piso. A mí me hizo levantar el capitán Sosa y me ordenó que mirara el suelo, como lo hice con cierta displicencia, me ordenó que pusiera la barbilla contra el pecho. Seguramente no cumplí esta orden en la forma que él pretendía, pues de inmediato sacó su pistola, la preparó para disparar y me dijo apuntándome "si no ponés la barbilla contra el pecho te pego un tiro". Puse la barbilla contra el pecho, aunque pensaba que la actitud de Sosa no podía ser más que una amenaza. Sosa se retiró inmediatamente de mi celda y unos minutos después ordena formar en el pasillo. Salimos todos los prisioneros y en completo silencio formamos dos filas, mirando hacia la salida, cada uno parado al lado de la puerta de su celda. En el extremo abierto del pasillo había dos o tres suboficiales armados con metralletas PAM. Bravo y Sosa recorrieron las hileras, hasta el final y volvieron. Hicieron ese recorrido profiriendo amenazas e insultos y diciendo cosas tales como "lo peor que podían haber hecho era meterse con la Marina", "Ahora van a ver lo que es el terror antiguerrilla", etc.

TESTIMONIO DEL SOBREVIVIENTE ALBERTO CAMPS

Pasaron uno o dos minutos desde que salimos de la celda y apenas instantes desde que todos bajamos la mirada y colocamos el mentón sobre el pecho.

Sentí entonces, casi sin intervalo, es decir prácticamente de inmediato, dos ráfagas de ametralladora. Pensé en fracción de segundos que se trataría de un simulacro con balas de fogueo. Más, instantáneamente, vi caer a Polti que estaba de pie sobre la celda Nº 9, prácticamente a mi lado; y de modo prácticamente instintivo me lancé dentro de mi propia celda. Otro tanto hizo Delfino. De boca ambos en el suelo, Delfino a mi derecha, permanecimos en esa posición, en silencio, entre tres y cuatro minutos. Nuestro único diálogo fue el siguiente: Delfino dijo "qué hacemos", yo contesté algo así como "no nos movamos". Durante ese breve lapso escuché una o dos ráfagas de la ametralladora del comienzo, luego varios tiros aislados de distinta arma, gemidos y ayes de dolor y respiraciones agotadas o sofocadas.

Luego se introdujo en la celda, pistola en mano el oficial de marina Bravo. Nos hizo poner de pie con las manos en la nuca.

Dirigiéndose a mí me requirió en tono muy duro —parecía muy agitado— si iba o no a declarar. Respondí negativamente y sin nuevo diálogo ni espera me disparó un tiro en el estómago con su pistola calibre 45. No apuntó y disparó desde la cintura. Acto contínuo le disparó a Delfino. La distancia no alcanzaba al metro o metro y medio.

Estábamos en la mitad de la celda y BRAVO había traspuesto la puerta y se encontraba adentro.

Yo caí sobre el lado izquierdo mirando hacia la puerta y Delfino a mi derecha. Sus pies quedaron a la altura de mi abdomen y me oprimían. No advertí que Delfino se moviera cuando con mucho esfuerzo corrí unos centímetros sus pies. Quedamos allí entre diez y treinta minutos. No puedo precisar con exactitud el tiempo. No perdí totalmente el conocimiento. Entraron algunas personas. Les oí decir que yo estaba herido.

Adopté el temperamento de no moverme ni quejarme. Al cabo de ese lapso que no puedo precisar con exactitud, llegaron enfermeros navales. Usaban chaquetas azules y un gorro blanco. Nos colocaron sobre camillas y me transportaron esquivando cuerpos caídos en el pasillo, pasando de hecho sobre ellos. Me depositaron en una ambulancia. Era aún de noche.

LA SANGRE DERRAMADA NO SERA NEGOCIADA

TRELEW

INVESTIGACION

DE LA MASACRE

MAS GRANDE DE LA

REPUBLICA ARGENTINA

22/8/72 – 22/5/73

Clarisa Lea Place	Carlos A. Del Rey
Susana Lesgart	Alfredo E. Kohon
María A. Sabelli	José R. Mena
Ana M. V. de Santucho	Miguel A. Polti
Carlos A. Astudillo	Mariano Pujadas
Rubén P. Bonet	Humberto S. Suárez
Eduardo A. Capello	Humberto A. Toschi
Mario E. Delfino	Jorge A. Ulla

Mov. Nac. Solidaridad — Comision Solidaridad Mov. Peronista
Abogados Defensores — Familiares.

Proyecto de ~~Ley~~ RESOLUCION

La H. Cámara de Diputados de la Nación R E S U E L V E :

1.- Designar una Comisión Investigadora Especial, cuya integración será de-
cidida por la H. Comisión de Defensa Nacional, en consulta con las auto
ridades de todos los bloques que integran este Cuerpo, cuya misión será investigar en todos sus aspectos, los hechos de asesinatos, secuestros y torturas contra los militantes populares ocurridos en el país desde el 16 de
septiembre de 1955 y especialmente los producidos en la madrugada del 22 de
agosto de 1972 en la base aeronaval " Almirante Zar ", de la ciudad de Trelew, provincia de Chubut.

2.- La Comisión Investigadora Especial que se crea por la presente resolución, estará integrada por 25 señores Diputados y de su seno designará
un Presidente y tres Secretarios. Con la firma de cualesquiera de éstos,
las autoridades que comisionen tendrán todas las facultades que el Código
de Procedimientos en materia criminal para la Jurisdicción Federal, la Justicia de la Capital, y de los Territorios Nacionales atribuye a las autoridades judiciales de prevención. De esta manera, la Comisión podrá disponer
comparendos, detenciones, secuestro de correspondencia y cualquier otra medida conducente al mejor cumplimiento de su misión, todo ello de acuerdo al
artículo primero de la Resolución de la H. Cámara de Diputados del 6 de sep
tiembre de 1915. Dichas facultades se extenderán a todo el territorio de la
República, sin limitación alguna, y toda autoridad deberá evacuar los infor
mes que le sean reclamados dentro del plazo de cinco dias de recibido el re
querimiento. El imcumplimiento parcial o total de este deber, será reprimi-
do con las sanciones que prevee el Reglamento de esta H. Cámara, sin perjui
cio de las responsabilidades criminales correspondientes.

3.- La Comisión, para el cabal cumplimiento de sus funciones, contará con
la dotación de funcionarios y empleados que considere necesarios, pu-
diendo a ese fin requerirlos en carácter de "adscriptos", tanto de la H.
Cámara como de los demás poderes del Estado.

4.- Fíjase como plazo para el cumplimiento de la labor investigadora encomen
dada el término de noventa dias.

capitán de corbeta Luis E. Sosa

LA MATANZA DE TRELEW

Se cumple un nuevo aniversario del asesinato de Trelew, en el que un grupo de patriotas, prisioneros y desarmados, fueron masacrados por los agentes del sistema. Este hecho, que no registra antecedentes en nuestra historia, indica bien a las claras que el sistema que lo ordenó, ejecutó y luego pretendió deformar, se encuentra en plena bancarrota, temor y desesperación.
Pero se equivocaron como se equivocaron asesinando al Che Guevara, porque los inmolados el 22 de agosto, su sacrificio, no resultó vano, sino que por el contrario frente a cada combatiente caído renacieron centenares que lo reemplazaron. En efecto, Trelew se convirtió en el grito de batalla que llamó a la resistencia popular, a continuar con sus luchas, pese a las apariencias en que pretende ocultarse.
Porque la realidad actual no difiere mayormente de la imperante bajo la dictadura militar. La escalada de persecusiones, de secuestros, de asesinatos y torturas continúan hoy como ayer. Más aún, se tiende a reeditar los episodios de Trelew, desde el momento en que se traslada a un numeroso grupo de prisioneros políticos, a la cárcel de Resistencia (Chaco), cuyas autoridades expresaron con brutal franqueza a familiares de los detenidos, que éstos habían sido trasladados para tenerlos como rehenes.
Es necesario entonces continuar la lucha en un frente común, para, en primer lugar detener la escalada terrorista que se ha desatado desde más de un sector del equipo gobernante; pero esto no es suficiente, porque la lucha debe continuar con otras proyecciones: si los acontecimientos actuales nos están demostrando que si se suceden los gobiernos y los métodos inhumanos continúan, su responsable directo es el sistema que los genera y produce. Debe por lo tanto lucharse para hacerlo desaparecer, instaurando una patria mejor sin explotadores ni explotados.
Este es el mensaje que nos han dejado los héroes de Trelew, el que debemos recoger como bandera y grito de lucha.

SILVIO FRONDIZI

TRELEW

> "El que derrame sangre del hombre
> por el hombre su sangre será derramada"
> Génesis 9-6

QUE PENSARAN LAS PIEDRAS ,
LOS CANTOS RODADOS QUE PENSARAN?
QUE PENSARAN LAS OLAS LEVANTADAS,
LAS DUNAS CAMBIANTES QUE PENSARAN?

Y todo aquello inanimado, qué sentirá,
qué pensará?

QUE PENSARAN LAS LAJAS DEL PRESIDIO,
LOS CAMASTROS DE CEMENTO QUE PENSARAN?
QUE PENSARA EL AIRE ENFURECIDO,
EL PLOMO EN BALAS CONVERTIDO QUE PENSARA?

Y todo aquello inanimado, qué sentirá,
qué pensará?

LA NOCHE CALMA HACIA EL ALBA ANDANDO,
EL AUSENTE TITILAR DE SOLES POR LOS CIELOS,
LA FORTALEZA DEL TEMPANO ALEJADO
EL AIRE MISMO EN REMOLINO ARREMETIENDO.

Qué sentirá todo éso inanimado,
qué pensará?

EL TUTELAR ANUNCIO MAÑANERO DEL ROCIO,
UNA CALLE CON SU LEJANO ANDAR DE SIEMPRE,
EL AROMA PROMETIDO DEL PAN Y DEL COCIDO,
La Cruz del Sur QUE EN LA NOCHE SE DESPRENDE.

Qué sentirá todo éso inanimado,
qué sentirá?

LAS BOTAS DEL VERDUGO EN LA TINIEBLA OPACA,
LA COBARDIA ANONIMA CUBIERTA DE CAPOTE
SU CAMISA DE MIEDO CON SUDOR LLENADA,
LOS CAÑOS Y CULATAS PREPARADOS EN APRONTES.

Qué sentirá todo éso inanimado,
qué pensará?

PORQUE TODO LO SOSPECHADO INERTE,
LA ROCA, EL VIENTO, LA OLA ENFURECIDA.
LOS IMANTADOS ARENALES FUERTES,
EL CAMBIO DE LA ESTRELLA EN SU VIGILIA,
TODO AQUELLO IMAGINADO EN MUERTE:
LOS CAMASTROS, CADENAS QUE PRESIDIAN,
EL HIELO CON SU LUZ DE SIEMPRE
Y AUN LA CAMISA DEL VERDUGO, SU CAMISA,

sufrieron y pensaron en la lacra
de la bestia que no piensa ni siente
que la orden desde el Norte se le viene
y en l a sombra como chacal masacra.

Y ENTONCES, TRELEW !!!
grito
GRITO LA ROCA EN SENTIMIENTO.
TRELEW !!!
EL MAR ESPANTADO RESPONDIA.
TRELEW !!!
DIJO LA ESPINA GUARDANDO SU VENENO.
TRELEW !!!
Y LOS VIENTOS ESPANTARON LA AGONIA

Y todo lo inanimado que pensó y sintió,
TRELEW !!! gritó al combatiente que murió.

ANTONIO CLAVERO

TELAM (A)

Comunicado entregado por personal de Prensa y Difusión, en la Casa de Gobierno, preparado por Sajón y sus asesores, luego de consultar con Lanusse y las autoridades militares de la zona.

"A las 3,30 de hoy, los 19 terroristas que se encontraban detenidos en la Base Aeronaval "Almirante Zar" de Trelew, Chubut, después de haberse entregado en la noche del 15 del corriente a la autoridad militar de la Zona de Emergencia del aeropuerto civil de esa ciudad — que había sido copado tras la fuga de otros extremistas— intentaron una nueva evasión en masa.

En tal oportunidad tomaron el despacho del segundo jefe de la Base, capitán de corbeta Luis Emilio Sosa, aprovechando se les había permitido concurrir a ese lugar con el argumento de formular un petitorio, basado en un supuesto enfermo necesitado de urgente atención. Tras ello, ocuparon la sala de armas, apoderándose de algunas de grueso calibre con el propósito de abrirse paso hacia el exterior. El intento no prosperó, pues los dispositivos de seguridad y de emergencia funcionaron rápidamente.

Como consecuencia del enfrentamiento, murieron trece terroristas y quedaron otros seis heridos.

La nómina de los muertos, con mención de las organizaciones subversivas a que pertenecían, es la siguiente: Mariano PUJADAS (MONTONEROS), Jorge Alejandro ULLA (ERP), Adrián Humberto TOSCHI (ERP), Carlos Heriberto ASTUDILLO (FAR), Clarisa Rosa LEA PLACE Humberto SUAREZ (ERP), Clarisa Rosa LEA PLACE (ERP), Susana LESGART (MONTONEROS), Ana María VILLARREAL de SANTUCHO (ERP) Mario DELFINO (ERP), José Ricardo MENA (ERP), Albertos Carlos del REY (ERP) María Angélica SABELLI (FAR).

La nómina de heridos, a su vez, es la que se detalla a continuación: PedroRuben BONET(ERP), Miguel Angel POLTI (ERP) María Antonia BERGER (FAR), Miguel Alberto CAMPS (FAR) Alberto Elías KOHON (FAR), Ricardo René HAIDAR (MONTONEROS),

En seguida de comunicado el hecho al Estado Mayor Conjunto el cual tiene jurisdicción en Trelew y Rawson en virtud de la vigencia de la Zona de Emergencia, se dirigió a la citada Base Aeronaval el jefe de aquel organismo, contraalmirante Hermes Quijada, acompañado del general de brigada Edgardo Daneri y el coronel Santiago.

Interviene en las actuaciones sumariales correspondientes el juez de instrucción militar de la Zona de Emergencia"

Roberto Santoro.

TELAM (B)

Texto del cable distribuido dos horas después del anterior, preparado por el Comandante del Estado Mayor Conjunto cuyo jefe era el vicealmirante Quijada. Fue ordenada su difusión por la Secretaria de Prensa a Telam por el capitán Gigirey, jefe de Relaciones Públicas del Estado Mayor Conjunto, quien dio la orden a Salón para difundir la nueva versión.

"Comunicado de la Zona de Emergencia en la Zona de Rawson se acaba de conocer a las 13,25 el comunicado de la zona de emergencia en Rawson siendo aproximadamente las 3,30 hora del día de la fecha en la guardia de prevención de la Base Aeronaval Trelew lugar de detención de los 19 delincuentes subversivos evadidos del penal de Rawson y a disposición de la Cámara Federal en lo Penal se produce el siguiente acontecimiento: Al realizar el jefe de turno una recorrida de control en los alojamientos de los detenidos, mientras los mismos se encontraban en el pasillo, al llegar a unos de los extremos es atacado por la espalda por el detenido Mariano Pujadas, quien logra sustraerle la pistola ametralladora con la que iba armado.

Escudándose en el mismo, intentan evadirse. El jefe de turno logra zafarse y es atacado a tiros, resultando herido. En tal circunstancia la guardia, contesta el fuego contra los reclusos que se avalanzaban hacia la puerta de salida, encabezados por Pujadas.

Se inicia así en el local un intenso tiroteo a raíz del cual resultan muertos: Mariano Pujadas, Jorge Alejandro Ulla, Adrián Humberto Toschi, Carlos A. Astudillo, Eduardo A. Capello, Humberto S. Suárez, Mario E. Delfino, José R. Mena, Carlos Alberto Del Rey, Clarisa Rosa Lea Place, Susana Lesgart, Ana María Villarreal, María Sabelli.

Quedan heridos: Rubén Pedro Bonet, Miguel Angel Polti, Miguel Alberto Camps, Alfredo Elías Kohon, René Ricardo Haidar, María Antonia Berger. Los que son de inmediato atendidos en la Zona Sanitaria de la Base, no obstante lo cual fallece Miguel Angel Polti, el resto fue evacuado a Bahía Blanca. Debe hacerse notar que en el día de ayer, 21 de agosto, el juez federal que interviene en la causa del copamiento de la cárcel y del aeropuerto, había procedido de acuerdo a las declaraciones de los testigos a hacer identificar por estos a los posibles asesinos del guardiacárcel Valenzuela, muerto en oportunidad de la fuga de los detenidos de la cárcel de Rawson. Actualmente se instruyen las actuaciones de los fueros penal y militar respectivamente. Rawson 22 de agosto de 1972 "

INOCENTE
CULPABLE
EDGARDO·ANTONIO·VIGO
PROV. BS. AS.
ARGENTINA
LA LEY DEL EMBUDO

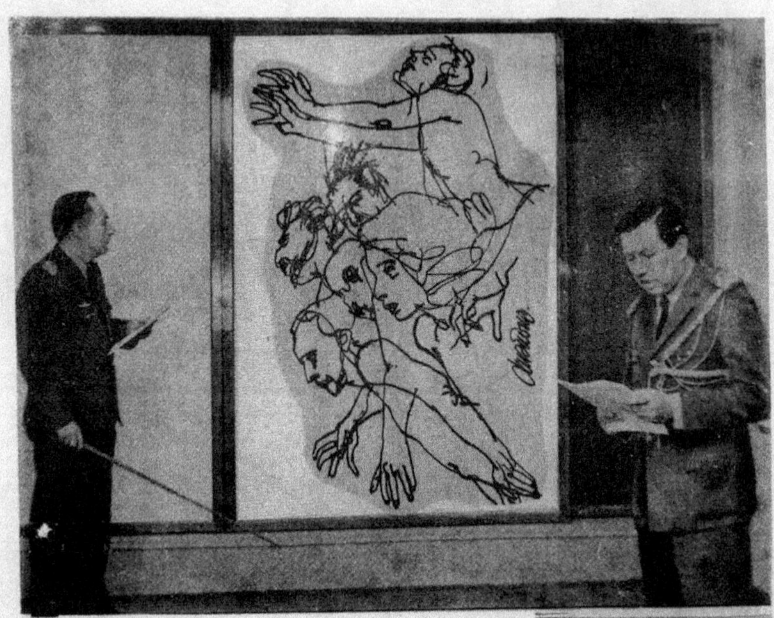

los marinos señalan en el plano, hablan y hablan como vendedores de nada.

El nombre del que maneja el puntero es Oscar Gigirey, y es capitán de corbeta; y el que miente por medio de palabras es Carlos Grahan, capitán de fragata.

Y el que manda sobre ellos, el que dirige la mentira, es el contralmirante Quijada

TRELEW

Ya.
afuera ruedan el corredor
las botas de los guardias.
Ya.
Están golpeando las puertas,
están sacando a los compañeros.
Uno a uno nos sacan
al corredor.
Nos llueven los insultos
y no tener con qué responder.

Ya.
Nos están disparando
las ráfagas pasan
salpiqueplomeando
el revoque verde o azul
ya no sé
ay esa oscuridad
que en medio de los gritos
se encharca lejos
este baldazo feroz
que inunda de a poco
las rejillas del pasillo
que los compañeros
juren no dejar
juren no olvidar
no tener ahora
siquiera ese metal violento
esa voz del fuego
esa orden labial del disparo
que los compañeros
no dejen nunca
no bajen nunca las armas
sin antes no acabar
con este corredor
sin antes sepultar
este rastro de sangre
juren sin antes vencer
no dejar
de empuñar la venganza.

Enrique Courau

INFORME OFICIAL

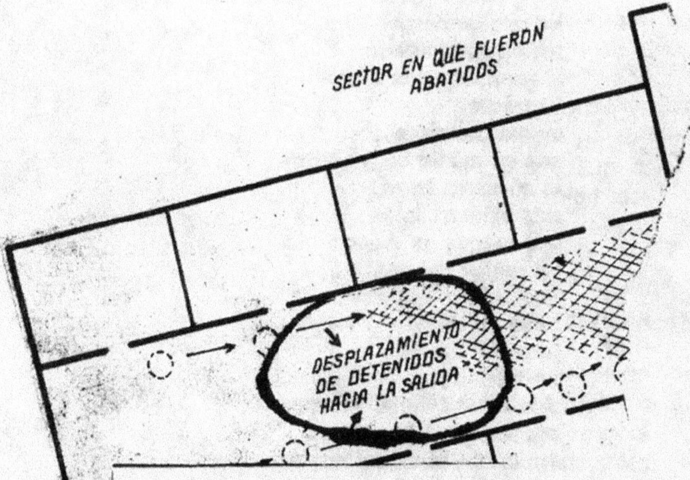

Pero nadie puede creer en el balbuceo de los que mienten; a nadie convence tanta cháchara vestida de uniforme.

¿Cómo habrían de fugar los que no tenían armas? ; ¿cómo habrían de atacar los que entregaron sus armas y habían pactado rendición?

La trabajosa mentira no rinde utilidad a los comandantes; la presurosa mano de la censura no alcanza para tapar las manchas de la sangre.

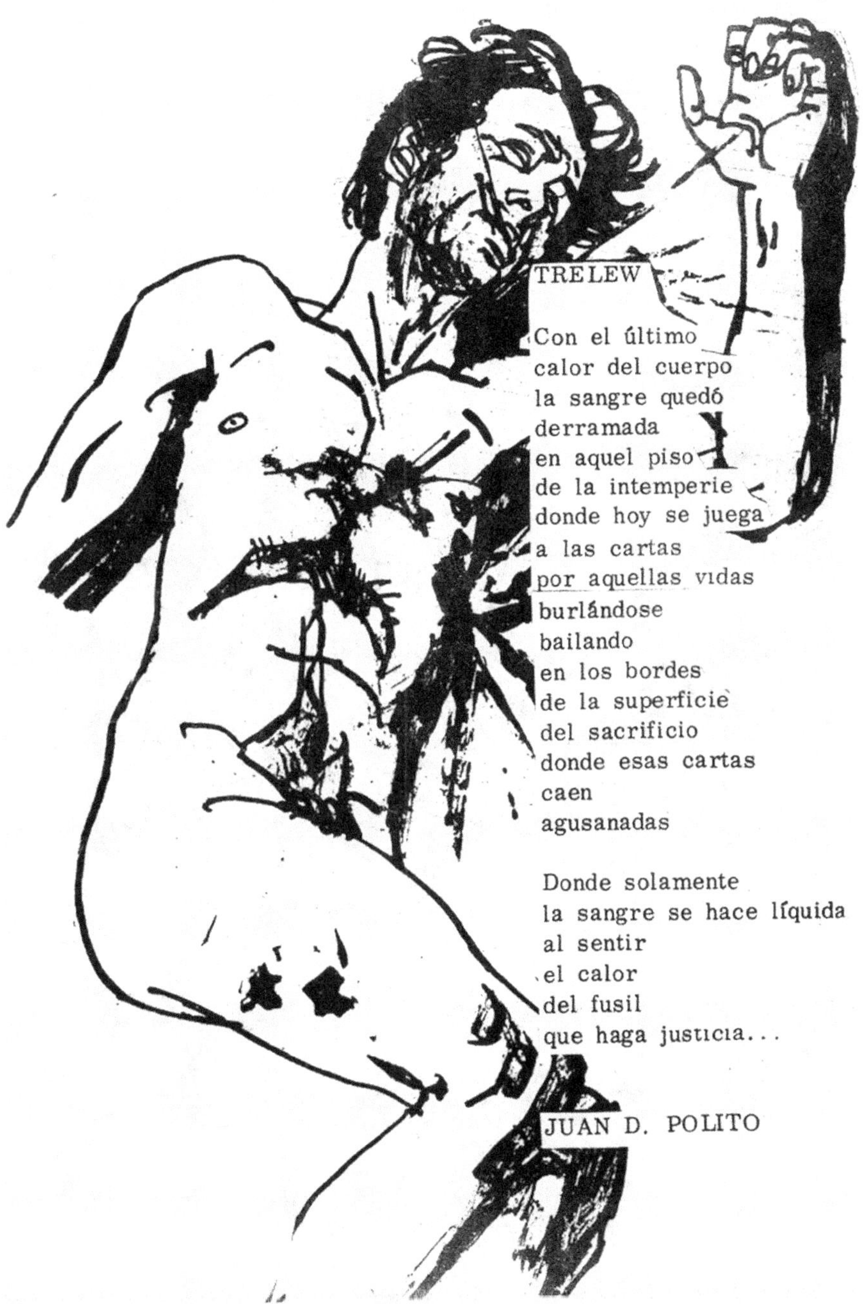

TRELEW

Con el último
calor del cuerpo
la sangre quedó
derramada
en aquel piso
de la intemperie
donde hoy se juega
a las cartas
por aquellas vidas
burlándose
bailando
en los bordes
de la superficie
del sacrificio
donde esas cartas
caen
agusanadas

Donde solamente
la sangre se hace líquida
al sentir
el calor
del fusil
que haga justicia...

JUAN D. POLITO

Cayeron en un tiroteo con fuerzas navales
• UNA ACLARACION
El mayor Laroca rectificó la información que señalaba a Ana María Santucho como la que le disparó el tiro de gracia
no han sido designados
DIFUSION DE COMUNICADOS
TRELEW
GRUPOS SUBVERSIVOS
JUEZ ESTUVO EN
ANTES DEL
INFORMACION
En un Clima de Tens
Ayer los Extremista
ta Capital Intervino la Policía
Página 6
LA RAZON
terrorista
donde estaban detenidos
al intentar huir de la base
La Marina Está Orgullosa de
Conducta y de su Tradición
cuatro, heridos
tras la fuga de Rawson
Santucho lo Remató
Afirman que la
HERIDOS
Fueron Sepultados
Muertos en Trelew
PENAN LA
cado del Primer Cuerpo de Ejército
Buenos Aires, Viernes 25 de Agosto de 1972
de 1972

SIN TITULO

El crimen, la barbarie
y la cobardía
estaban de festejos.

La impotencia había dado paso
al frenesí de su histeria.

La sangre nuevamente
sería
el alimento natural de las bestias.

Pronto amanecería.
El atavismo indicaba que el sol
no debería iluminar la geografía.
El cielo
se había cubierto de cuervos y caranchos
justificando el alargue de la noche.

Pero eso, no fue nada.
Después,
sería un repartir de carroñas
y el acecho de nuevas jaurías
a la espera de concretar el colmo:
"robarse los últimos despojos
de su crimen".

Mientras tanto
nuestro estilo de vida
mostraba su cara por televisión
y explicando su incoherencia
lanzaba amenazas y acusaciones.
Y eso fue todo.
Pero lo que no se dijo,
es que los mártires de Trelew
ahora están insurgiendo la muerte
y vienen tomando la vida...

JULIO CANTEROS

DECRETO N° 3.495.
Bs. As., 30|4|73. ·

VISTO, lo informado por el señor Comandante en Jefe de la Armada lo propuesto por el Ministerio de Defensa y CONSIDERANDO: Que es muy conveniente para la Armada Argentina que un Oficial Jefe realice el Curso de Infantería para Infantería de Marina, en los Estados Unidos de América;

Que por la naturaleza de la Comisión, la misma no puede ser cumplida por integrantes de nuestra Representación Diplomática, debiendo estar integrada por personal seleccionado, teniendo en cuenta la necesidad de una continuidad de la experiencia que se obtenga y su futura actividad dentro del servicio:

Que la fecha de iniciación de la presente Comisión está prevista a partir del 15 de mayo de 1973., con una duración de trescientos sesenta y seis (366) días, incluyendo los tiempos de traslados;

Que tal providencia se halla incluida en el Programa de Viajes al Exterior —Armada Argentina— Año 1973, a elevarse oportunamente al Poder Ejecutivo;

Por ello,, el Presidente de la Nación Argentina decreta:

Artículo 1° — Nómbrase para prestar servicios en la Agregaduría Naval a la Embajada de la República Argentina en los Estados Unidos de América y Canadá en "misión transitoria" y por el término de trescientos sesenta y seis (366) días, al señor Capitán de Corbeta de Infantería de Marina D. Luis Emilio Sosa, a fin de que realice el Curso de Infantería para Infantería de Marina.

Art. 2° — El citado Oficial Jefe, percibirá en compensación de todo gasto, hasta un máximo diario de cuarenta dólares estadounidenses (u$s 40).

Art. 3° — Los gastos que demande la presente comisión deberán.ser imputados a la partida del Ejercicio 1973 que se indica:

2.10; 52; 0.379; 1; 12; 1233; 228; 01; 2.10; 52; 01; 0.379; 1; 12; 1223; 237; 13.

Art. 4° — En las oportunidades que lo solicite el Comando en Jefe de la Armada, se procederá a girar los importes correspondientes a los haberes mensuales respectivos.

Art. 5° — Por el Ministerio de Relaciones Exteriores y Culto, se extenderá el pasaporte correspondiente.

Art. 6° — Comuníquese, publíquese, dése a la Dirección Nacional del Registro Oficial, al Tribunal de Cuentas de la Nación y a la Contaduría General de la Nación, anótese y archívese en el Ministerio de Defensa — Comando en Jefe de la Armada— Dirección General del Personal Naval.

LANUSSE.
Carlos G. N. Coda
Eduardo E. Aguirre Obarrio
Eduardo F. McLoughlin

EL GORILA QUE INVOCO A DIOS

● El texto que sigue es parte del discurso que el comandante de la aviación naval, capitán de navío Horacio Mayorga, pronunció el 5 de setiembre, ante la tropa formada, en el hangar de la base Almirante Marcos Zar. Pocos días antes en aquella base fueron asesinados dieciséis prisioneros políticos, en una matanza que conmovió al pueblo argentino. La brutalidad del texto es sólo comparable con el sarcasmo de la triple invocación a Dios que en él se repite.

LOS hechos ocurridos aquí han manifestado múltiples intereses contrarios a presentar, alto y limpio, ese prestigio de que goza la armada y también se ha puesto nuevamente de relieve la existencia de esa condición negativa de nuestro pueblo, del tristemente célebre "no te metás", tan popular y tan poco alentador como promesa de futuro.

Nada ni nadie puede hacer menguar nuestro orgullo de ser marinos argentinos; nuestra institución es sana, no está contaminada con las lacras del extremismo ni con la sofisticación de un Tercer Mundo que no da la vida al verdadero Cristo ni con la tortuosa y demagógica actitud de caducos políticos que ayer adoptaron posiciones que hoy olvidan.

Los hechos ocurridos han despertado dos actitudes en la gente que nos rodea: unos pretenden acusar a la armada de haber provocado una matanza intencional. Los otros, ante el hecho consumado, lo justifican y hasta lo aplauden, dada la peligrosidad de los presos. Ni unos ni otros tienen razón. La armada no asesina. No lo hizo jamás, no lo hará nunca. Para Dios, no hay bien más preciado que la vida humana; ésta tiene para él un valor infinito; pero también es cierto que la muerte está en el plan de Dios, no para castigo sino para reflexión de muchos.

Por eso, lo hecho bien hecho está. Se hizo lo que se tenía que hacer. No hay que disculparse porque no hay culpa. No caben los complejos que otros tratan de crear. La muerte de seres humanos es siempre una desgracia. Estos muertos (los 16 de Trelew) valen menos, en el orden humano, que el guardiacárcel Valenzuela, que los humildes agentes del orden público muertos en servicio, que los que fallecieron en una plaza minada de San Isidro.

Es asombroso ver cómo gran parte de la prensa, con unas pocas y brillantes excepciones, ha dejado lugar a publicaciones mal intencionadas o a silencios propios de quien no se quiere comprometer. Cuidado entonces, Comando Aeronaval Trelew, cuidado. Hay que tener claras las ideas y superar todos estos dolores, sortear esta lucha psicológica, en la que se nos quiere hacer caer, dejar de lado estúpidas discusiones sobre hechos que la armada no tiene que esforzarse en explicar.

La armada, gracias a Dios, siempre fue así: sincera, argentina, consciente de la necesidad de dar buenos frutos para el país, tanto en los hijos que la ciudadanía le confía como en las acciones que emprende. Se la puede acusar de algo lenta, de reservada en sus cosas, de ser cerrada en su ambiente… Quizás sea algo cierto todo esto, pero más cierto aun es que en nuestro país goza de un prestigio popular basado en virtudes que son propias de la institución: honradez, seriedad de proceder, espíritu de sacrificio aceptado sin condicionamientos, y sobre todo, muchas veces a pesar de todo, con un justificado orgullo de tener espíritu de cuerpo.

El país está en guerra contra las ideas extremistas que van mucho más allá del juego de un degradado general (Perón), falto de valor, al que una parte del pueblo confiere míticas esperanzas. Esa facción que hablando de paz y concordia y de necesidad de libertad y de justicia asiste al sepelio de asesinos pero no al de guardianes del orden, sacrificados agentes que no necesitan drogarse para ser valientes en el combate de cada día. No somos mejores que otros; no somos distintos de otros, pero pertenecemos a las fuerzas armadas argentinas, verdadero pilar del país, verdadero muro de contención de ideas extremistas, y dentro de ellas a la armada, limpia, honesta, orgullosa de ser lo que es y con motivos para estarlo: institución en la cual, cuando se agotan las razones para explicar o aclarar tiene siempre la fe en el sentir naval, en sus jefes, en sus hombres y en su limpieza de proceder para dar respuesta a cualquier duda, a cualquier pregunta.

POEMA

DONDE RUBEN PEDRO BONET

ESCRIBE A SUS HIJOS

Los que lo conocieron pueden atestiguar
Que era un duro militante
Igual lo saben sus torturadores
Que no lograron sacarle una palabra
Pero también es bueno que se recuerde
Que su última carta la escribió a Hernán y Mariana
Sus hijos de 5 y 4 años
Recién llegado al penal de Rawson
Les contó como había viajado desde Buenos Aires
Primero en un camión de celdas sin día y sin noche
Y luego en un avión esposado al asiento
Pero él lo decía como si fuera
Una hermosa aventura en la Malasia
—No se olviden que era para sus hijos—
También les contó que en el penal hacía frío
Pero que a él tanto frío le gustaba
Y que fumaba y que leía y que tenía en la pared
de su celda pegada la foto de Hernán y de Mariana
junto a la de Carlitos Chaplin
Les pedía a sus hijos que lo vinieran a visitar
Si era posible para el 9 de julio
Que no faltaran a clase y que le contestaran la carta
Como Hernán y Mariana no sabían escribir
Le enviaron sus dibujos
Donde el duro militante tenía en vez de manos raíces
y un alto sombrero de payaso
El día que se fugó del penal
Se ató del cuello una carterita de cuero marrón
Con las fotos de sus hijos la de Chaplin y los dibujos
Y aún la llevaba cuando lo asesinaron
En la base naval
Bien cerca del mar y de una playa
Con enormes negras gaviotas.

Vicente Zito Lema

SE VAN, SE VAN... PERO LOS TRAEREMOS

En uno de los juicios seguidos contra la Armada por la masacre de Trelew, se ha presentado el abogado de ésta, Dr. Jorge Carlos Ibarborde, con el escrito que se reproduce a continuación . Allí se da el actual domicilio del Chacal de Trelew, Luis Emilio Sosa y demas asesinos de la Base Almirante Zar.

El proposito del alejamiento de los oficiales es evidente: sacarlos del ambito de la Justicia, común y popular. Pero como ya dice el Pueblo: "Se van se van, pero los traeremos de vuelta..."

HAGO MANIFESTACION.

Señor Juez Nacional:

JORGE CARLOS IBARBORDE, letrado, por la representación de la parte demandada que tengo acreditada en los autos caratulados:.............c/ GOBIERNO NACIONAL (COMANDO EN JEFE DE LA ARMADA) y/o quienes resulten responsables s/ daños y perjuicios", con domicilio constituido en Comodoro Py y Corbeta Uruguay (Edificio "LIBERTAD" del Comando en Jefe de la Armada), piso 13 , oficina 13-81, Capital Federal, a V.S. digo:

En autos se ha designado audiencias para que declaren los testigos propuestos por la parte actora.

Al respecto, informó a V.S. que los señores Capitanes Luis Emilio SOSA y Juan Manuel SOLARI y Tenientes Emilio Jorge DEL REAL y Roberto Guillermo BRAVO y el Cabo Carlos A. MARANDINO, no podrán concurrir a declarar en las audiencias señaladas, por cuanto se encuentran en el extranjero.

A fin de que la parte que los propuso adopte las medidas que considere pertinentes, informo que los domicilios actuales de los nombrados son los siguientes:

Capitán de Corbeta D. Luis Emilio SOSA -Agregaduría Naval Argentina en EE.UU., 1816 Corcoran St. N.W. Washington D.C.- EE.UU.;

Capitán de Corbeta Médico D. Juan Manuel SOLARI - Destinado en la Fragata A.R.A. "LIBERTAD", actualmente en navegación fuera de las aguas territoriales, cumpliendo el viaje de instrucción con los Cadetes del último año de la Escuela Naval Militar;

Teniente de Navío D. Emilio Jorge DEL REAL- Comisión Naval Argentina en Europa - 1st. Floor - 242 Vauxhall Bridge Road - LONDON - SWLV - LAU - INGLATERRA;

Teniente de Fragata D. Roberto Guillermo BRAVO - Agregaduría Naval Argentina en EE.UU. - 1816 Corcoran St. N.W. Washington D.C. - EE.UU.

Cabo Segundo de Infantería de Marina Carlos A. MARANDINO - Agregaduría Naval Argentina en EE.UU. - 1816 Corcorán St. N.W. Washington D.C. - EE.UU.

Dígnese V.S. tener presente lo expuesto que así:

SERA JUSTICIA

Jorge Carlos Ibarborde
ABOGADO
C.CIV. T° XXVI F° 048
C.S.J.N. T° XV F° 131

FRASES
PARA RECORDAR

ESTA NOCHE LOS MATAN A TODOS. . . *(Dicha en la sala de periodistas de Casa de Gobierno por un periodista que evaluaba las posibles decisiones de la Junta de Comandantes, el Lunes 21 a la noche).*

ESTOY DESILUSIONADO. VENIAMOS A LIQUIDARLOS A TODOS Y ESTAN VIVOS. SI SE HUBIERAN ANIMADO A DISPARAR UN TIRO, NO DEJABAMOS NI A UNO. PERO SE RINDIERON, LOS MUY COBARDES *(Dicha por el Teniente Coronel Muñoz a Primera Plana luego de la rendición en el Aeroparque).*

ESPERABAMOS UNA RESISTENCIA FEROZ, PERO SON UNOS PATOTEROS. NO PELEAN, SON CAGONES. *(Dicha por otro oficial que acompañaba a Muñoz).*

LA PROXIMA VEZ NO VA A HABER NEGOCIACION. LOS VAMOS A CAGAR A TIROS, SIN TANTOS MIRAMIENTOS. *(Dicha por uno de los asesinos, el Capitán Sosa, a los detenidos en la base Aérea).*

¡SI SEREMOS BOLUDOS! EN LUGAR DE MATARLOS LOS ESTAMOS ENGORDANDO. *(Dicha por otro de los asesinos, el Tte. de Corbeta Roberto Guillermo Bravo, mientras comían los detenidos en la base).*

AHORA VAN A SABER LO QUE ES TERROR ANTIGUERRILLA. *(Dicha por el Teniente de Corbeta Bravo antes de la masacre).*

AHORA VAN A VER QUE ES LA MARINA. *(Dicha por Bravo o Sosa antes del asesinato).*

LA ARMADA NO ASESINA. NO LO HIZO JAMAS, NO LO HARA NUNCA. . .

LO HECHO, BIEN HECHO ESTA. SE HIZO LO QUE SE TENIA QUE HACER. NO HAY QUE DISCULPARSE PORQUE NO HAY CULPA...

LA MUERTE ESTA EN EL PLAN DE DIOS, NO PARA CASTIGO SINO PARA REFLEXION DE MUCHOS. *(Dicha por el comandante de la aviación Naval Capitán de Navío Horacio Mayorga en la base Almirante Zar el 5 de setiembre de 1972).*

testimonio de un suboficial que intervino en los sucesos de trelew

Sí, señor, mucho miedo, usted lo ha dicho bien, un miedo sucio. Y rabia, una rabia mordida, basilisco, una rabia dolor de no poderlos. Verlos así, tan ellos, tan simplemente ellos, tan vivos, tan muchachos, ¿tan libres, dice?, bueno, sí, tan libres. Los odiábamos con todo nuestro miedo.

Por las noches andaban, trate de comprenderlo, andaban, se nos subían al sueño, en grupos, en bandadas, qué sé yo, se acercaban, cantaban, me parece, pero lo peor de todo: se reían.

Ah, era insufrible aquella risa, usted no sabe. Era tocarle el culo a la marina, así. Conocernos el miedo, destaparnos. ¿Cómo lo podrían ver?, yo me pregunto, cómo lo podrían ver al miedo, ellos, ellos tan luego, desnudos como ranas, solos, enfermos, abombados de hambre y de palizas. No les ladraba un perro y se reían. En sueños, claro, pero se reían, se nos reían, señor, dueños de qué sé yo, conocedores, nos sabían el miedo, nos rondaban, nos miraban las noches, se reían.

Por eso fue, señor, para que se callaran, para hacerlos callar, para que nunca más, para que vieran. En fila, claro, en fila los pusimos, como siempre. Gritamos el mentón contra el pecho, no fuera que miraran, no fuera que se pusieran a mirar. Los insultamos, mucho, para darnos coraje, ¿cómo si no?, la PAM me transpiraba de miedo en esta mano, yo no sé si quería, yo me hubiera ido, pero alguien disparó. Cayeron varios, otros ganaron los calabozos. Entonces yo me vi tirándoles, gritando para tapar el miedo, entre el olor a pólvora y los gritos, van a cantar carajo, entre la sangre, entre quejidos y los cuerpos cayendo, ríanse de la armada hijos de puta, disparábamos. Las mujeres, había varias mujeres, señor, son duras de morir, las rematamos, recorrimos heridos a balazos, prolijamente recorrimos las celdas rematando, matando, se quisieron fugar, se nos fugaron, nos trepaban al sueño, se reían, se nos siguen riendo, tengo miedo.

HUMBERTO COSTANTINI

Septiembre 1972

SUSANA OSCURA

Despacio se fue la gorda
Por unas breves sacudidas,
Burbujas de agonía, espesas vísceras, ventanales de
aliento,
gemidos imaginarios;
Silenciosa.
Quedó en la noche su figura
Del aeropuerto y el verde oliva,
De las huelgas traicionadas, las rejas, las alfombras,
pagó el boleto de regreso del "tirano"
las urnas y otras cosas.
Trepó la fuga tucumana
Y el viento de Rawson; y los cumpas.
La mierda de cada celda, la luna y el siete sesenta y
dos
de los duros insectos en los peines
del capitán Sosa.
La noche ahora es más oscura
En el penal hay cuellos salpicados
De la letra definitiva de las balas;
boqueando el gallego, el indio, la Sayo
consignas sudorosas.
La gorda ya es gatillo y mensaje:
Ya es Madrid y León Suárez,
Ya es asamblea en los portones, documentos, pelucas:
Se nos lleva el enemigo sus huesos
su señal azulosa.
Para que no siga salpicando milicos.
brujos, yernos, depuradores, burócratas –viejos y nue-
vos–
Salpica la gorda tan lejos su sangre espesa;
y veo salpicados también algunos de los nuestros.
los miedosos.
El pueblo está oscuro de crespones.
Oscuro el mañana de los humildes.
La unidad básica, los portones fabriles, los changos
del abasto, los ranchos, los grifos,
la villa entera.
La oscuridad es bronca en aerosol,
Es reclamo por los cuellos salpicados,
Por alfombras, por pactos, por leyes, por el pan ausente,
Oscuro todo: hasta que hagamos juntos por la gorda
La justicia montonera.

¿Cómo se toma conciencia de las cosas?...
A veces, lentamente, otras, así, de golpe

ANA MARIA SANTUCHO, nació el 9/10/1935. Murió
asesinada en la base Alte. Zar, de la Marina, en Trelew, el
22/8/1972.

Hoy puteo tu suerte,
Ana María Santucho
y al hacerlo
se me retuerce la patria
con un dolor de entraña
estremecida
por el hijo abortado
en la mañana
precisa
en que su llanto,
el rito de la vida renovada,
se esperaba.

Hoy me duele la vida
hoy me sangra la patria
y al abrazar con lágrimas a mi hija
siento:
No fue vana tu muerte
aunque putee tu suerte
Ana María Santucho,
porque hizo que madres argentinas
sintiéramos de pronto
como un asco metido en la garganta
y la patria y los hijos, renovando esperanza,
el sendero marcado de la lucha,
que de lejos señala
un grito desgarrado,
una mano esposada,
entre balas y sangre
una vida inmola.

Pero a pesar de todo
resuenan en mi oído
los versos de la marcha despreciada:
"...Y cuando el paso firme
de la Argentina altiva del mañana
traiga, el eco sereno,
de la paz con tu sangre conquistada
cantarás con nosotros camarada,
de guardia allá en la gloria peregrina,
POR ESTA TIERRA DE DIOS TUVIERA
MIL VECES UNA MUERTE ARGENTINA'

Hoy me hierve la sangre
me revuelve la entraña
Hoy me duele la Patria.

Ay! mi patria, LA PATRIA,
Ay! mi hija, mi hija...
Ay! los hijos e hijas
que de mi hija
nazcan.

Y aunque putee tu suerte,
Ana María Santucho,
yo te juro:
tu muerte no fue vana.

Ana María

BUSCADO
por la justicia popular

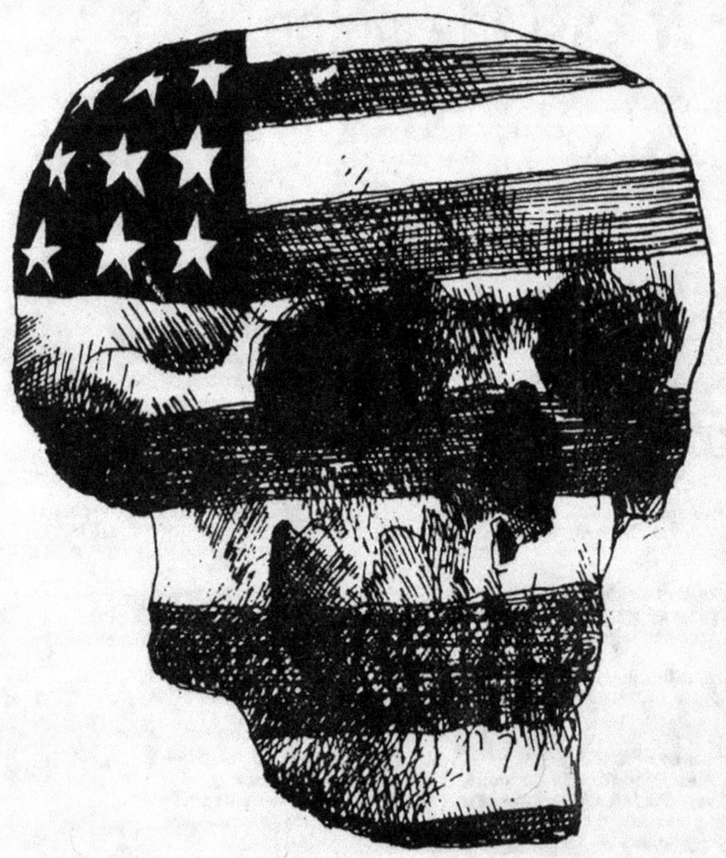

capitán de corbeta Luis E. Sosa

LA SANGRE

DERRAMADA

NO SERA

NEGOCIADA

UNA MISMA SANGRE

Yo estaba en Chubut cuando recibí la noticia. Venía de Trevelín en dirección a Esquel cuando alguien metió la radio de la camioneta y pasaron la noticia. Callamos todos, por más que el grupo estaba formado por gente que tenía poco o nada que ver con el proceso que se jugaba en ese momento en el país. Técnicos del proyecto Futaleufú o personal de un equipo cinematográfico. Pero de cualquier forma sentimos aquella gran nube negra que cubría el espacio de la patria y creo que todos pensamos que hasta ese momento habíamos estado compartiendo el mismo aire con las víctimas y los asesinos y que en cierta forma no encontrábamos en camino a Trelew, sobre la misma pelada tierra y en la misma dirección.

Ahora, a dos años de aquel suceso que se agiganta en la historia porque no hay pacto, ni paritaria, ni descarnado general que pueda secar aquella sangre, en una mañana igual, tan igual que ayer acaban de caer otros 19 compañeros y hoy seguimos golpeando esta misma máquina que ha escrito tantas veces la palabra Trelew quiero sumar mi nombre al homenaje y la recordación de los compañeros y compañeras pero siento el mismo vacío que entonces y no encuentro palabra, ni gesto, ni idea siquiera, pobrecito escritor, que iguale más o menos cuanto se ha dicho, cuanto se dirá en estos días por aquellos que saben repasar su bronca y expresarla con precisión, tal vez con belleza. No soy poeta para armar un poema y escribir un cuentito me parece sencillamente ridículo, mis recuerdos son los de todos y mis sentimientos posiblemente los mismos. Levanto los ojos y por encima de mi máquina descubro el enorme poster con la figura del Che que preside mi casa, San Ernesto de la Higuera. Entonces le pregunto, te pregunto:Comandante,

qué digo? Qué escribo que tenga la altura y el
brillo de aquella sangre o, aunque algo menos,
vaya pretensión la mía, la dignidad de esa herida,
porque, como te canta tan muy dulce y dolido Pa-
blito Milanés, "que tengo yo que hablarte, comandante, si el poeta eres tú?". Y tú, efectivamente,
comandante, a través de tus ojos de tranquilo y
seguro fuego, a través de tu barba empapada en
sangre, "ardiente vendaval y lenta rosa", vivo en
tu muerte, vivo en el azúcar, en la sal, en los
cafetos y también en la luminosa sangre que desde
Trelew junto a la tuya alumbra la noche americana,
me respondes, "firme la voz que ordena sin mandar,
que manda compañera, ordena amiga, tierna y dura
de jefe, camarada: "Todos y cada uno de nosotros
paga puntualmente su cuota de sacrificio, conscien
tes de recibir el premio en la satisfacción del de
ber cumplido, conscientes de avanzar con todos hacia el hombre nuevo que se vislumbra en el horizon
te". Qué digo, qué hago, qué pongo yo de ese hombre nuevo? Frente a esta sangre del tamaño de tu
sangre es todo lo que se me ocurre decir, Che comandante, amigo. Muchos han respondido ya y res-
ponderán todavía con idéntica sangre. Cuál es mi
respuesta?

HAROLDO CONTI

EPITAFIO

Porque al fin moriste
                    una bandera
denigrada en su grandeza
                    te acompañó a la tumba

Porque al fin moriste
                    un cortejo
                    de soldados armados
te rindió honores
                    reloj en mano
esperando
            que termine la comedia

Porque al fin moriste
            serás llorado a reglamento
y en tres líneas
                    hablarán los diarios
de tu nombre
            y tus medallas

Porque al fin moriste
                    es hora
                    de que sepas
que mañana
            no se acordarán de vos
            ni las malas conciencias

CARLOS VITALE

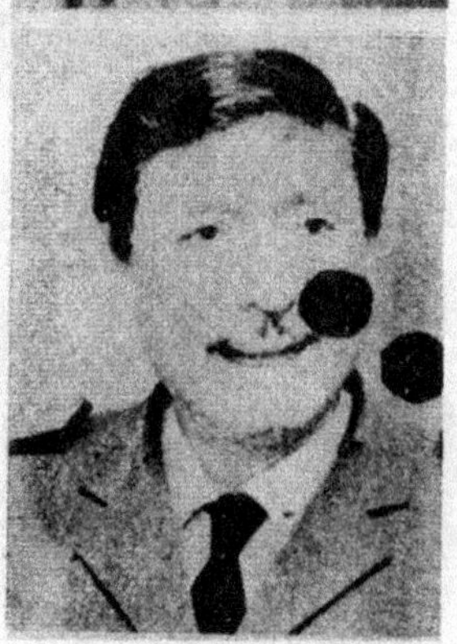

Fue inaugurado el torneo rural, muchas corbatas y pieles,
peones con toros
y damas y caballeros, ustedes saben, Ana,
María, Mariano,
esos apellidos con olor a bosta y lupanares ilustres
y hubo misa de campo y todo, los aberdeen angus, los hereford,
los holandos argentinos, los ministros, los dueños de la tierra,
Eduardo, Graciela, Clarisa, Humberto,
y había un día sin sol sobre las tumbas del crimen,
y todo un mundo sucio allí, vacas, discursos y más vacas,
y ladraban los generales y los perros y me dolían los puños,
Miguel, Alberto, Jorge, Carlos,
me dolía ese agosto, esas sombras de chacales por el mundo,
pero ustedes comprendan, todavía falta un poco, no mucho,
algo más de sangre, Alfredo, Ruben, Humberto,
algo más de sangre y dolor aún le falta al hombre,
algo más de sangre en ese camino,
en ese camino de luz para siempre, Jorge,
Mario,
todos ustedes, comprendan,
pero ya llegaremos pisando apellidos,
toros, ministros, generales,
pisando nuestros propios huesos, nuestra propia sangre,
ya llegaremos.

DARDO S. DORRONZORO

¡Ni olvido ni perdón!

ANA MARIA VILLARREAL DE SANTUCHO
SUSANA LESGART
CLARISA ROSA LEA PLACE
MARIA ANGELICA SABELLI
ALFREDO ELIAS KOHON
CARLOS HERIBERTO ASTUDILLO
EDUARDO ADOLFO CAPELLO
ALBERTO CARLOS DEL REY
MARIO EMILIO DELFINO
MARIANO PUJADAS
MIGUEL ANGEL POLTI
HUMBERTO ADRIAN TOSCHI
JOSE RICARDO MENA
HUMBERTO SEGUNDO SUAREZ
JORGE ALEJANDRO ULLA
RUBEN PEDRO BONET

HAN MUERTO REVOLUCIONARIOS, VIVA LA REVOLUCION.

Ellos están
están en todos lados
muriendo con cada nuevo muerto
luchando con todos
reencarnando en cada nuevo cuadro
que se suma a este doloroso parto
a esta hermosa gesta libertaria

Son dieciseis voces de aliento
son dieciseis voluntades que empujan
que recuerdan
que demuestran
el odio y el miedo
el contenido cierto
verdadero
del temor al pueblo
de los gendarmes del tío Sam

Ellos están
están en todos lados
nos acompañan alegremente en los triunfos
nos gritan fuerte y al corazón
que no importan las derrotas

Son sus gritos
dieciseis gritos gigantescos que repiten
la sangre derramada no debe ser negociada
y si ha muerto un revolucionario
que viva la revolución.-

ALBERTO COSTA

LA MUERTE ES UNA AGUJA DEL TAMAÑO DE UN PAJARO

"Un hombre cuyo nivel de cultura -hablo de la cultura
basada en la idea y la práctica de la justicia, que
es la única cultura verdadera- un hombre, digo, cuyo
nivel de cultura está por debajo del esfuerzo creador
que supone la invención de un fusil, no tiene derecho
a usarlo".   CESAR VALLEJO

La noche era total
en cada mano párpado o palabra
cabía la pregunta
¿ y si el hombre acallara el latido
el instinto más niño
que alimenta su instinto ?
¿ y si dios
de cuya amnesia vertical poco se sabe
asumiera las formas más urdibles?
nada de lo que aquí se vió
hace a la irracionalidad de la poesía
ni siquiera los restos que empuñara la playa
o el caracol de humo que intentaran abrirle
o el color del espacio que regaron los sueños
nada de lo que se proponga será la cáscara
dijimos
una suerte de golpe interminable y agrio
ha dado con el hueso en estos días
uno en más se ha vuelto intransitable
la lluvia arrasa y penetra sus suelas
sus dígitos impresos en hojas de cobalto
en australes vigilias de gritos indigestos
de nombres que nunca terminan de morir
nunca del todo

como si a escasos pasos de la nada
total irreversible
la noche volviera a sus agujas

ENRIQUE PUCCIA

LA SANGRE DERRAMADA

¿ Por qué cantaba cuando sólo tenía reservado
el silencio y se hizo más tarde un brazo inacabado
que no fue convencido, en medio de los poros que
alguien puso a secar adentro nuestro como si
no doliera a nadie ?

Su muerte no es más que este nacimiento.

Porque llevaba escritas en las manos las fórmulas
del sol como un niño fugaz que será eterno
no deja terminar de rezar a los bienaventurados
es como la violencia de cristo.

JOSE ANTONIO CEDRON

TIGRES

Cierto que no había quien anunciase pero ya estaban
ellos acuñando tardes de impotencia hasta que se les
ahuecaron entonces antorchas por los ojos y quedaron desnudos
tiempos tiritando sus fríos de tres cuencas
por la sangre y en las manos hubieron de angelicar
sus dieciseis miedos y el vacilar y los temores
hasta que anudaron todo y lo regalaron a las estatuas
para que sepamos de tiempo atrás que se montan en gorriones
risas ansias manteles y vigilias y nos giran
estos dieciseis tigres o promesas sorbieron entonces
borbotones de verdad cuando avanzaban para que sepamos
iban cautelosos con sus corazones creciéndoseles a estampidos
de la misma lluviabuena que les bautizó sus nombres
de silencio puro para acrisolar así los días sangrantes
anubarrados y plomizos meses para entregársenos una barcada
de alas grandes y pequeñas y hubieron de desaparecer cuando
el nocturno acontecía sólo por fuera de estos dieciseis tigres
o promesas anunciantes tan cercanos para que vayamos sabiendo
por acaso no preguntemos no indaguemos no interroguemos
esos que dictaminan el setenta y dos año emergente ay del mundo
por sus escándalos dijeron quienes llaman desde los principios
mejor quite su ojo antes proclamaron mientras les florecían
acrimonias por su bota alimentadas y entonces espolearon
sus caballos y los carros que fueron a fatigar tigres o dieciseis
promesas entretanto esos devoradores de cenizas a veces pensaban
si no se les escondía una mentira en la mano derecha consecuentes
deshollaban las dieciseis vidas ahí mismo se fueron
que en ríos sobre el campo seco o en agua por el sedacal
sobre la ribera brotándose como hierbas
como sauces.

AIDA VICTORIA DELPIERO

ELLOS

Como un dios pagano sediento de muerte
de horrores apisonados a las paredes desnudas
le canto al fusilamiento
al contracanto de la antipoesía
y maldigo este canto por lo tanto
porque nació
un día ya lejano de la humanidad más escondida
aquella que saca la vida a la otra mitad
y maldigo su mismo mensaje de oscuridad
de carnes cercenadas
de silencio detrás de los párpados
de párpados detrás del silencio
detrás de la vida silenciosa de los párpados muertos
asesinando a los otros párpados
hasta matarlos de una muerte mil veces muerta
de una vida no consumada
de una consumación de la existencia.
Paradoja final
no canto no puedo cantarle
es una intención fallida de poema
no puede la poesía cantar
a su no existencia
a su enemig a
quisiera sin embargo insultar al fusilamiento
hablar de Trelew por ejemplo
pero no puedo
sólo puedo hablar de los hombres muertos
no del hecho
no en un poema
no en el canto
a la vida siempre nueva que es un poema.

FELIPE REISIN

LA SANGRE DERRAMADA NO SERA NEGOCIADA

22 DE AGOSTO DE TODOS LOS AÑOS

Algún día
será fiesta del pueblo.
Algún día
cuando la luz se haga
sus dieciseis ejemplos flamearán
se agitarán sus estandartes
por encima de inmensas muchedumbres.

Recién entonces
será una fiesta.

Y ellos
los dieciseis
y todos los
asesinados por el odio
sonreirán
desde nuestros hijos.

CARLOS PATIÑO

...que nos absuelve en cada aniversario, ese dolor creciente, actual, revivido en todas las muertes de cada día, en todos los presos de siempre.

Nosotros somos los familiares de esos presos, que cubren con su sangre, el frío de las celdas.

Nosotros somos los mismos familiares que lloramos impotentes, con rabia, con dolor, cada bala mortal.

Nosotros volvemos a tener a nuestros hijos, nuestros hermanos, nuestros compañeros, prisioneros por que nos detentan el poder por la fuerza, la represión y el terror.

Nosotros debemos enarbolar las banderas de lucha de todos los presos del régimen.

Por eso, hoy como ayer, como mañana, como siempre, hasta que no quede un solo hombre prisionero por defender LA LIBERTAD y LA IGUALDAD, estaremos presentes con nuestro homenaje, levantando a nuestros mártires: LOS HEROES DE TRELEW, que iniciaron con la verdad histórica, una lucha en común contra el sistema opresor.

ÉVITEMOS OTRO TRELEW

G.O.F.A.P.P.E.G.

PRESENTES

HASTA LA VICTORIA SIEMPRE

TRELEW,

LOS OTROS

MUERTOS

KREW

RECORDANDO AL GALLEGO

De muchas maneras uno puede
recordar a quienes han muerto.
Yo, ahora, recuerdo a mi
compañero, a Víctor, y lo
hago pensando en Trelew.
En esos 16 combatientes
cuyo asesinato tanto pesó en
el espíritu de Víctor, pero
que tambien fueron el impulso
para que él cumpliera con un
mandato de la Justicia Popular
castigo a los responsables
de la masacre.
Víctor murió,
cumplió hasta el final con su
deber de revolucionario,
y por eso perdurará en la
memoria del pueblo, en el
corazón vivo del pueblo.-

IRMA de FERNANDEZ PALMEIRO

Palabras pronunciadas por Eduardo L. Duhalde en el entierro del Compañero Ortega Peña

..."De Rodolfo nos queda su ejemplo. Su
tenacidad. Su entrega. Su coraje. Pero
además nos deja un testamento político y
una responsabilidad colectiva para los
militantes. Vivió y murió para dar todo de
sí para la elevación de la conciencia de
la clase obrera y el pueblo. Vivió y murió
para que esa conciencia se convirtiera en
fuerza organizada. Vivió y murió para que
esa organización nos llevará por el cami -
no de la toma del poder real. Vivió y
murió para que la clase obrera y el pueblo
forjaran desde el poder una nueva sociedad
con hombres nuevos donde desaparecieran
definitivamente los explotadores y los
explotados. Vivió y murió denunciando al
reformismo como falsa propuesta de la
burguesía para dilatar ese camino. Vivió
y murió luchando contra las divisiones y
diferencias en el campo revolucionario ,
rescatando el legado de Pujadas y Bonet.
Vivió y murió en síntesis, por una Patria
Socialista, que un día no muy lejano ten-
drá la hechura y la medida con que el
Pelado la soñó. Por eso, porque morir por
el pueblo es vivir, en esta hora de apre -
tar los puños y de tristezas, reafirmamos
aquel juramento: "la sangre derramada por
Ortega no será negociada". Y decimos simplemente, como a él le hubiera gustado :

Ha muerto un **revolucionario.**
! Viva la **Revolución** !

HAN ASESINADO A MIS AMIGOS, YA SE LO QUE ES LA MUERTE

Y bien, de eso se trata, construir la Patria Socialista. Por eso
nuestra larga marcha, los combates. Por eso caen los compañeros,
los amigos. Pero por eso tambien seguimos avanzando. Caballos
obstinados avanzamos. Hombres melancólicos, lloramos a nuestros
muertos y avanzamos. Avanzamos, Rodolfo, avanzamos.- (V.Z.L.)

DECLARACION CONJUNTA DE LOS COMBATIENTES DE
ERP, FAR Y MONTONEROS - SANTIAGO DE CHILE
25 DE AGOSTO DE 1972

Una vez más en la Argentina las Fuerzas Armadas han demostrado
claramente su condición de fuerzas de ocupación sirvientes del imperialismo y sus aliados internos, su condición de contrarrevolucio
narios, su condición de explotadores de nuestro país, su condición
de salvajes asesinos y torturadores de los militantes populares de
los militantes populares. Hoy el asesinato consciente de 16 compa -
ñeros prisioneros de guerra de nuestras organizaciones, ERP - FAR -
MONTONEROS, marca una nueva etapa en el camino de la guerra revolucionaria que ha iniciado nuestro pueblo. El desarrollo de toda
guerra revolucionaria que impulsan las masas, asume características
particulares de acuerdo a los lugares, experiencia política del pue
blo, situación del enemigo y su accionar concreto contra las fuerzas
revolucionarias; estos son algunos de los rasgos que caracterizan la
guerra revolucionaria en los distintos países. La salvaje acción del
22-8-72 en Trelew marca el comienzo de accionar en la guerra a nive
les superiores de enfrentamiento, las fuerzas armadas han demostra -
do ya con sobradas creces su verdadero papel de gendarme del imperia
lismo.

EL EJERCITO DEL PUEBLO OPRIMIDO

Ya sabemos como reaccionan las tropas gorilas , los soldados de
Lanusse, ya lo sabemos y en función de ello preparamos nuestro ejér
cito del pueblo oprimido. No se equivocó el general que respondió
por el periodista herido por el miedo constante de sus tropas en Tre
lew, al decirles que es parte de su profesión, que en Vietnam son
varios los corresponsales muertos y heridos. No se equivocó ese general al decir esto, el asesinato de nuestros compañeros nos muestra
claramente las sangrientas garras del imperialismo en todos los procesos revolucionarios, su sed de sangre, su impunidad para accionar,
su moral cuando trata de mantener su sistema de explotación del hombre por el hombre; las garras del imperialismo son las mismas en todo el mundo, en Vietnam como en Argentina, aunque sus caras o unifor
mes sean diferentes, por eso no se equivocó ese representante del
partido militar. En la Argentina las garras del imperialismo están
disfrazadas, escudadas en nuestra propia bandera, en uniformes con
emblemas nacionales, en un ejército que se llama argentino, pero que
de argentino no tiene nada, en un ejército que dice ser sanmartinia-
no, pero que de tal no tiene nada.

Esto es un ejército de ocupación, de opresión, sirviente de las cla -
ses dominantes, el otro fue un ejército que representaba los intereses del pueblo, formado por ese mismo pueblo. Ellos se encargaron de
destruirlo, ellos se encargaron de encerrar, de aprisionar las bande
ras de nuestra patria, en sus cuarteles de opresión donde se preparan
los asesinos y torturadores de nuestro pueblo, en donde se concentra
el respaldo y la fuerza de las clases dominantes, de sus privilegios.
Ellos son la deshonra de nuestro pueblo, en las movilizaciones populares ocurridas en Córdoba, Tucumán, en Comodoro, en Buenos Aires,no
pudieron aislarlos ni amordazarlos, porque hoy sus nombres, sus idea
les, están en boca de miles de compañeros que se suman a la lucha,
que expresan su indignación.

NUESTRO COMPROMISO COMBATIENTE

No pudieron separarlos, no pudieron frenar esa fuerza revolucio -
naria porque hoy son nuestro compromiso combatiente, en la construcción del Ejército Popular, sin duda alguna su entrega, su sangre derramada es la expresión más profunda de la confluencia de las fuer -
zas revolucionarias hacia el Ejército Popular, como una de las necesi
dades más imperiosas del proceso revolucionario. Esto es lo que nos
dejan los compañeros, esto es lo que nos exigen los militantes revolucionarios caídos a lo largo de la lucha, esto es lo que nuestro
pueblo nos plantea como necesidad en sus luchas masivas, esto es lo
que hoy en día hace que debamos dar una respuesta consciente, cons -
ciente de nuestro objetivo, consciente de nuestra responsabilidad,
conscientes como revolucionarios de nuestra subordinación y entrega
total a la revolución. Esto es lo que hoy los militantes revoluciona
rios caídos de nuestras organizaciones y las movilizaciones del pue
blo nos exige, y a ello debemos responder como revolucionarios.
Esta respuesta, sin duda, comprende un camino a recorrer en la
superación de nuestras contradicciones políticas e ideológicas, comprende el encontrar la forma, el método más correcto para superarlas
y resolverlas, comprende la profundización de nuestros acuerdos y
objetivos que nos unen y que hoy nos permiten emprender este camino.

UNA HERRAMIENTA COMPLETA

En esa solución correcta está también,sin duda, el tomar plena
conciencia de ello, convirtiendo esa conciencia en una práctica re -
volucionaria concreta, en una herramienta concreta para el logro de
nuestros objetivos. Sabemos que esto no es fácil ni inmediato, sabemos que nuestras diferencias en lo político e ideológico son importantes, sabemos que es un camino arduo para recorrer, en el cual

cometeremos errores, sin duda, pero tambien sabemos que nuestra subor
dinación a la REVOLUCION, que hoy sólo puede llamarse socialismo, nos
une; que nuestra inserción en las masas a las cuales escuchamos y de
las cuales aprendemos, en una práctica combatiente con ellas, que es
la mejor garantía para superar nuestras diferencias, que nuestra práctica revolucionaria como organizaciones revolucionarias hace que em -
prendamos este camino con la solidez y elementos necesarios para la
formación de ese Ejército del Pueblo para el triunfo de nuestra Revo -
lución.

LA RESPUESTA ADECUADA

Sobre estas bases debemos encontrar las formas y respuestas adecua-
das. Esto es lo que nuestro enemigo más teme en estos momentos porque
es muy consciente de sus fuerzas en la defensa de los intereses de las
clases dominantes. Los hechos concretos lo demuestran, es por ello que
a pesar de las matanzas, de las persecuciones, de las torturas, de la
represión a las expresiones populares, de todos sus denodados esfuerzo
siguen perdiendo terreno poco a poco ante el avance revolucionario.
En este marco se encuadra la entrega, la sangre generosamente derra
mada por nuestros compañeros en Trelew, en este marco se encuadra la
reinvindicación realizada a través de sus movilizaciones y luchas del
pueblo ante este hecho, este es el contexto histórico que adquiere la
matanza de Trelew en la Guerra Revolucionaria en la Argentina.
Esta es nuestra respuesta a los engaños y mentiras de las clases
explotadoras manifestadas ahora en el G.A.N., ésta es nuestra respuesta a todos aquellos sectores de la burocracia política y sindical que
se suman al en gaño, esta es la respuesta de nuestro pueblo cansado
ya de los engaños, de la mentira, de la miseria y de la injusticia.-

E R P - F A R - MONTONEROS

Colaboraron en este homenaje

a los **HEROES DE TRELEW**

el grupo **BARRILETE**

y el FRENTE DE TRABAJADORES DE LA CULTURA

BUENOS AIRES, 22 DE AGOSTO DE 1974

Índice

Ediciones 

Títulos publicados

Desocupados en la ruta. Dibujos con programa, Nancy Sartelli

La Herencia, Rosana López Rodriguez

Contra la cultura del trabajo, Eduardo Sartelli (comp.)

La plaza es nuestra, Eduardo Sartelli

Lucha de calles. Lucha de clases, Beba Balvé, et al

El '69, Beba Balvé, Beatríz Balvé

La cajita infeliz, Eduardo Sartelli

La Contra, Fabián Harari

Entre tupas y perros, Daniel De Santis

Lecciones de batalla, Gregorio Flores

La guerrilla fabril, Héctor Löbbe

Valor, acumulación y crisis, Anwar Shaikh

Historia del trotskismo, Osvaldo Coggiola

Rojo Amanecer, Osvaldo Coggiola

Lenin, Georg Lukács

Bolivia: La revolución derrotada, Liborio Justo

Belleza en la barricada, Vicente Zito Lema

Patrones en la ruta, Eduardo Sartelli et al

Obra poética completa 1959-1977, Roberto Santoro

Investigaciones CEICS

Del taller a la fábrica, Marina Kabat

Costureras, monjas y anarquistas, Silvina Pascucci

Descalificados, Damián Bil

Brutos y baratos, Romina De Luca

Crítica del marxismo liberal, Juan Kornblihtt

El ingrediente secreto, Verónica Baudino